Special Thanks to

세상이 아무리 바쁘게 돌아가더라도
책까지 아무렇게나 빨리 만들 수는 없습니다.

길벗은 독자 여러분이
가장 쉽게, 가장 빨리 배울 수 있는 책을
한 권 한 권 정성을 다해 만들겠습니다.

독자의 1초를 아껴주는 정성을
만나보세요.

홈페이지(www.gilbut.co.kr)에서 책을 함께 만들 수 있습니다.

㈜ 도서출판 길벗
길벗이지톡
길벗스쿨

예제 및 완성 파일 다운로드

이 책에 사용된 예제 파일과 완성 파일은 길벗출판사 홈페이지(www.gilbut.co.kr)에서 다운로드할 수 있습니다.

● **예제 및 완성 파일** : 예제를 따라하면서 꼭 필요한 예제 파일과 완성 파일을 파트별로 담았습니다.

1단계 🔍 카카오톡 이모티콘 만들기 [검색] 에 찾고자 하는 책 이름을 입력하세요.

2단계 검색한 도서로 이동한 다음 [자료실] 탭을 선택하세요.

3단계 예제 및 완성 파일 등 다양한 실습 자료를 다운로드하세요.

고객센터

책을 읽다가 막히는 부분이 있나요?

책을 읽다가 막히는 부분이 있으면, 길벗출판사 홈페이지의 '1:1 문의' 게시판에 질문을 올려보세요. 길벗출판사 직원들과 〈무작정 따라하기〉 시리즈 저자들이 친절하게 답변해 드립니다.

1단계 길벗출판사 홈페이지(www.gilbut.co.kr)로 찾아오세요.

2단계 내용 문의 요청하기 기능을 이용하려면, 길벗출판사 홈페이지의 회원으로 가입해야 합니다. '회원가입'을 클릭해 무료 회원으로 가입한 후 가입 시 입력한 이메일 주소와 비밀번호를 입력해 로그인하세요.

3단계 '고객센터' 메뉴를 클릭한 후 FAQ 게시판에서 자주 묻는 질문에 관한 답변을 확인합니다. 그래도 해결되지 않는 부분이 있다면 '1:1 문의' 메뉴를 클릭하고 질문을 등록하세요. 답변을 얻을 수 있습니다.

베타테스터가 되고 싶어요

여러분도 길벗의 베타테스트에 참여해 보세요!

길벗출판사는 독자의 소리와 평가를 바탕으로 더 나은 책을 만들려고 합니다. 원고를 미리 따라 해보면서 잘못된 부분은 없는지, 더 쉬운 방법은 없는지 길벗과 함께 책을 만들어 보면서 여러분의 소중한 의견을 전달해 주세요.

1단계 길벗출판사 홈페이지(www.gilbut.co.kr)로 찾아오세요.

2단계 '고객센터 → 이벤트, 설문, 모집' 게시판을 이용하려면, 길벗출판사 홈페이지의 회원으로 가입해야 합니다. '회원가입'을 클릭해 무료 회원으로 가입한 후 가입 시 입력한 이메일 주소와 비밀번호를 입력해 로그인하세요.

3단계 '고객센터 → 이벤트, 설문, 모집' 메뉴를 클릭하여 게시판을 열고, 모집 중인 베타테스터를 선택한 후 신청하세요.

내가 만들어
누구나
사용하는

카카오톡 이모티콘 만들기

김소희(소콘소콘) 지음

길벗

카카오톡 이모티콘 만들기
Make Kakaotalk Emoticons

———————.

초판 발행 · 2020년 9월 18일
초판 7쇄 발행 · 2023년 2월 20일

지은이 · 김소희(소콘소콘)
발행인 · 이종원
발행처 · (주)도서출판 길벗
출판사 등록일 · 1990년 12월 24일
주소 · 서울시 마포구 월드컵로 10길 56(서교동)
대표전화 · 02)332-0931 | **팩스** · 02)323-0586
홈페이지 · www.gilbut.co.kr | **이메일** · gilbut@gilbut.co.kr

기획 및 책임 편집 · 안윤주(anyj@gilbut.co.kr)
디자인 · 강은경 | **제작** · 이준호, 손일순, 이진혁
영업 마케팅 · 전선하, 차명환, 박민영 | **영업관리** · 김명자 | **독자지원** · 윤정아, 최희창

편집 진행 · 앤미디어 | **전산 편집** · 앤미디어
CTP 출력 및 인쇄 · 교보피앤비 | **제본** · 경문제책

ISBN 979-11-6521-269-8 03000
(길벗 도서번호 007081)

정가 16,000원

———————

독자의 1초까지 아껴주는 정성 길벗출판사
길벗 IT교육서, IT단행본, 경제경영서, 어학&실용서, 인문교양서, 자녀교육서 ▶ www.gilbut.co.kr
길벗스쿨 국어학습, 수학학습, 어린이교양, 주니어 어학학습, 학습단행본 ▶ www.gilbutschool.co.kr

페이스북 www.facebook.com/gilbutzigy
네이버 포스트 post.naver.com/gilbutzigy

이모티콘 제작을 시작하는 분들에게

안녕하세요. 이모티콘 작가 '소콘소콘' 김소희입니다. 저는 2019년 출시한 카카오 이모티콘 '눈치보는 봉구'를 시작으로 다양한 이모티콘을 제작하고 있습니다. 이모티콘의 목적이 소통인 만큼 여러 사람들과 함께 소통하며 그리고 있습니다. 이를 통해 이렇게 책까지 쓰게 되었습니다.

나의 이야기로 만든 이모티콘을 많은 사람이 공감하고 좋아해 주는 것은 너무나도 즐겁고 기쁜 일입니다. 이모티콘은 다른 캐릭터, 디자인 산업과 달리 그림을 정식으로 배운 사람이 아니어도 이모티콘으로 전달하고 싶은 '이야기'만 있으면 누구나 이모티콘을 만들 수 있습니다. 하지만 모두에게 열려 있는 길인 만큼 붐비는 길입니다. 그렇기에 인기 이모티콘 작가가 되는 길은 사실 그리 쉽지만은 않습니다. 첫 장부터 실망스러운 이야기를 했나요?

우리는 매일같이 출시되는 수많은 이모티콘을 보지만 출시하지 못한 사람들의 이모티콘을 접할 기회는 많지 않습니다. 그렇기에 하루빨리 이모티콘을 출시하고자 하는 조급한 마음이 드는 것도 어찌 보면 당연한 일입니다. 그런데 사실 모든 일을 시작할 때는 충분한 준비 기간이 필요합니다. 저 또한 계속되는 미승인에 '왜 나는 안 되지' 하며 좌절할 때도 있었고 화가 났을 때도 있었어요. 다양한 시도로 7번의 도전 끝에 받은 승인으로 카카오 이모티콘을 출시할 수 있었습니다. 뭐든지 이유 없이 일어나는 일은 없다고 생각해요. 이러한 경험으로 소중한 저만의 노하우들이 생겼습니다. 처음 만든 이모티콘이 좋은 성과를 내지 못하더라도 낙담하거나, 초조하게 생각할 필요는 없습니다. 서툴더라도 꾸준히 발전하려는 마음을 갖고 발을 내디디면, 분명 빛을 볼 수 있을 테니까요. 조금 먼저 같은 길을 걷고 있는 또 한 명의 작가로서 여러 번의 시행착오와 경험을 통해 얻은 노하우들을 이 책에 담았습니다.

이 책을 읽기 시작한 여러분들은 내 그림을 이모티콘으로 만들 수 있는 설렘이 가득할 수 있지만 어쩌면 수많은 고민과 걱정이 함께 있을 수 있다고 생각해요. 그림 실력보다 중요한 것은 이모티콘을 통해 어떤 메시지를 전달할 것인지, 무엇을 말하고 싶은지를 표현하는 것입니다. 가벼운 마음으로 한번 시작해 보는 건 어떨까요? 다음 차례는 내 차례다! 라는 마음으로 그림 그릴 때의 즐거움, 설렘을 가지고 저와 함께 시작해 봅시다.

김소희(소콘소콘)

◆ 미리보기 ◆

01 이모티콘을 제작하기 전에 준비하기

이모티콘을 본격적으로 만들기 전에 나에게 필요한 준비물과 프로그램을 알아보고 여러 이모티콘과 제안 플랫폼을 조사합니다. 이모티콘 기획부터 만드는 과정과 방법을 살펴봅니다.

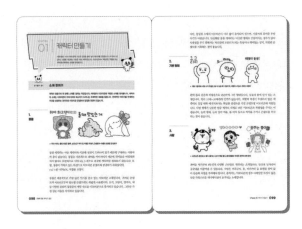

02 이모티콘의 기획과 제작을 도와주는 실습노트

파트별로 이모티콘을 만드는데 도움을 주는 실습노트를 제공합니다. 실습노트의 내용을 기반으로 조금 더 쉽고 재미있게 이모티콘을 제작할 수 있습니다. 어떻게 아이디어를 정리하고 캐릭터를 그릴 수 있는지 실습해 봅니다.

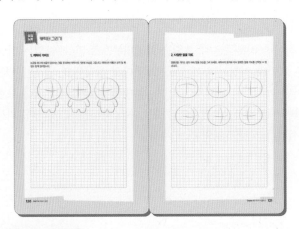

이모티콘을 만들고 싶지만 어디서부터 시작해야 할지 막막했던 분들을 위해 아이디어를 구상하는 단계부터 최종 이모티콘을 상품화하고 이모티콘 작가로서 활동하는 단계까지 이모티콘을 만들기 위한 모든 과정을 담았습니다.

 직접 따라하면서 이모티콘 그리고 제작하기

여러 예제 과정을 따라하면서 멈춰있는 이모티콘과 움직이는 이모티콘을 그리고 제작합니다. 제작한 후 제안 과정을 따라하면서 이모티콘 제안 플랫폼에 제안합니다.

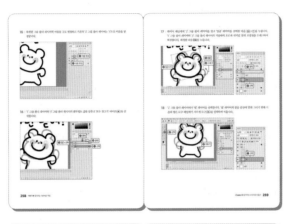

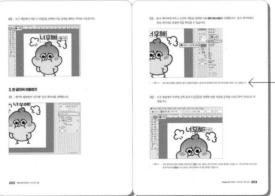

TIP

예제에 필요한 다양한 팁과 부연 설명을 볼 수 있습니다.

이모티콘을 만들다 보면 궁금해지는 순간
이런 점이 궁금해요 Q&A 10

Q **일반인도 만들 수 있나요?**

카카오 이모티콘의 경우 국적, 직업, 학력 등에 상관없이 누구나 이모티콘을 제안할 수 있습니다. 미성년자도 가능하며 이모티콘은 경력이 없어도 전공을 하지 않아도 쉽게 도전할 수 있는 매력적인 분야입니다. 인기 작가 중에서도 디자인을 전공하지 않은 분들도 매우 많습니다. 이모티콘으로 만들고 싶은 이야기만 있으면 누구나 도전할 수 있습니다.

Q **어떤 이모티콘이 출시되나요?**

구체적인 심사 기준은 비공개이지만 대중성, 차별성, 기획력, 표현력 위주로 내부 기준에 따라 심사합니다. 내 이모티콘과 출시된 이모티콘을 비교했을 때 두드러진 강점이 어떤 것이 있는지 생각해 보세요.

Q **그림을 못 그려도 만들 수 있나요?**

그림을 잘 그리지 못해도 이모티콘 작가가 될 수 있습니다. 중요한 건 캐릭터가 귀엽고 예쁘냐가 아닌 사용자들이 사고 싶어 하는 지입니다. 삐뚤삐뚤한 그림이더라도 콘셉트가 재미있거나 캐릭터만의 매력이 느껴지면 충분히 인기 이모티콘이 될 수 있습니다.

Q **뭐로 그리나요?**

이모티콘을 제안할 때는 가이드에 맞게 크기를 변경할 수 있고 투명 배경 PNG로 저장할 수 있는 그래픽 프로그램은 모두 가능합니다. 다만 승인 이후 상품화 과정에서 어도비 포토샵은 필수로 사용해야 합니다.

Q **저작권 등록을 해야 하나요?**

저작권 등록이 필수는 아닙니다. 이모티콘에서 더 나아가 캐릭터 상품과 같은 캐릭터 사업을 이어 가려면 저작권 등록을 통해 저작권 보호를 받을 수 있습니다.

이모티콘을 만들며 누군가에게 묻고 싶었던 질문들! 제가 초보 작가였을 때 궁금했었던 내용과 이모티콘 만들기 유튜브 채널 '소콘소콘'을 운영하며 가장 많이 받았던 질문들을 정리했습니다. 궁금했던 점들을 해결해 봅니다.

Q 이모티콘 출시를 위해 필요한 비용이 있나요?

이모티콘 출시에는 비용이 들지 않습니다. 다만 이모티콘을 그리기 위한 프로그램과 장비를 구매하는 비용이 듭니다. 무료 프로그램과 마우스만으로도 가이드에 맞게 제작하면 만들 수 있지만, 효율적인 작업을 위해 어느 정도 투자하는 것을 권장합니다.

Q 이모티콘으로 얼마를 벌 수 있나요?

대략적으로 최소 몇십만 원부터 최대 억대까지 수익은 이모티콘에 따라 천차만별입니다. 이모티콘의 인기 순위가 몇 위인지, 하루 판매량은 얼마인지에 따라 달라집니다. 순위가 낮은 날이 오히려 전체 판매량이 높아 수익이 많은 날도 있습니다.

Q 유명 캐릭터나 연예인 사진을 사용해도 되나요?

스스로 제작하거나 저작권을 보유한 콘텐츠로만 이모티콘을 만들 수 있습니다.

Q 사업자 등록을 해야 하나요?

사업자 등록은 필수 요건은 아닙니다. 사업자 등록을 하지 않을 경우 원천세를 제외한 수익을 받게 됩니다. 수익이 많아지면 미등록가산세 등 과중한 세금이 부담될 수 있습니다.

Q 계속 미승인을 받아요. 그만둬야 할까요?

한 번, 두 번의 제안으로 이모티콘을 출시하는 것은 드문 경우입니다. 미승인 받은 이모티콘을 고치고 다시 그리며 제안하는 과정에서 점점 실력이 느는 것을 확인할 수 있습니다. 이 책을 쓴 저도 7번의 도전 끝에 이모티콘 작가가 되었습니다. 단, 하나의 이모티콘으로 계속 시도하기보다는 다양한 아이디어로 그려 보며 새로운 시도를 해 보는 것을 추천합니다.

◆ 이모티콘 ◆

작업 과정 한눈에 보기

아이디어 구상하기

**이모티콘의 핵심은 콘셉트!
아이디어를 구상합니다.**

이모티콘 제작의 첫 번째 단계
입니다. 일상 속 모든 이야기가
아이디어의 재료입니다. 다양한
방법으로 아이디어를 도출하고
마인드맵으로 생각을 확장하며
나만의 이모티콘 콘셉트로 발전
시킵니다.

캐릭터 만들기

**이모티콘 콘셉트에 꼭 맞는
나만의 캐릭터를 만들어요.**

이모티콘 콘셉트에 맞는 캐릭터 소재를 정하고
성격과 분위기가 드러나도록 비율을 정해 그립
니다. 작은 화면 안에서 캐릭터가 효과적으로 보
일 수 있도록 다양한 연출 방법을 활용합니다.

수정하기

**객관적인 시선으로 미승인된
이모티콘을 꼼꼼히 살펴봅니다.**

출시되는 이모티콘을 살펴보며 완성도, 기획, 차
별성 등 내 이모티콘이 미승인된 이유를 생각합
니다. 포기하지 않고 미승인 이모티콘을 고치는
과정에서 실력을 한 단계 더 높일 수 있습니다.

출시

출시한 이모티콘이 많은 사람에게 노출될 수 있
도록 홍보영상을 만들어 SNS 페이지에 홍보할
수 있습니다. 출시한 이모티콘의 2탄 시리즈 이
모티콘을 구상하며 이모티콘 작가의 길을 이어
갑니다.

상품화 과정

**이모티콘과 출시를 위해 필요한
여러 이미지들을 제작합니다.**

제안 심사에서 승인을 받은 후 출시를 위해 상
품화 과정을 거칩니다. 이모티콘 스토어에 사용
되는 추가 이미지들을 제작합니다.

이모티콘 제작부터 승인 이후 출시까지! 어떤 과정을 거쳐 하나의 이모티콘이 탄생하는지 먼저 파악합니다. 작업 과정 순서에 맞춰 한 단계씩 알아볼까요?

메세지 구상하기

대화에 자주 쓰이는 재미있는 메시지들을 구상합니다.

콘셉트에 맞춰 탄탄하게 어떤 메시지로 구성할 것인지 생각합니다. 활용성 높은 감정 표현과 상황 표현 메시지로 구성해 사용자의 구매력을 높입니다. 콘셉트 메시지와 캐릭터 말투로 차별성 있는 이모티콘을 만들 수 있습니다.

컴퓨터로 그리기

이모티콘 필수 프로그램! 포토샵으로 함께 그려봐요.

나에게 맞는 태블릿과 그래픽 프로그램을 사용해 이모티콘을 제작합니다. 이모티콘 작업에 꼭 필요한 기능과 효율적인 꿀팁 기능들로 작업 시간을 줄이고 완성도를 높일 수 있습니다.

미승인

포기는 안 돼요! 승인을 위해 다시 한번 도전해요.

제안이 반려되었을 경우 미승인 메일을 받게 됩니다. 미승인 받은 이모티콘을 다른 플랫폼에 제안하고 새로운 이모티콘을 구상하거나 수정 단계를 거쳐 다시 한번 제안할 수 있습니다.

이모티콘 제안하기

플랫폼 용도와 특성에 맞춰 제작한 이모티콘을 제안합니다.

가이드에 맞춰 제작한 이모티콘을 이모티콘 판매 플랫폼에 등록해 이모티콘 작가가 될 수 있습니다. 이모티콘 사용 용도에 맞춰 내 이모티콘과 맞는 플랫폼을 알아보고 하나의 이모티콘을 여러 플랫폼에 제안하여 추가 수익을 얻을 수 있습니다.

승인

축하합니다! 여러분도 이제 이모티콘 작가!

승인된 이모티콘 플랫폼과 이모티콘 작가의 계약이 이루어집니다. 움직이는 이모티콘의 경우 승인된 제안을 바탕으로 남은 작업을 진행합니다.

◆ 목차 ◆

예제 파일 사용하기
예제 및 완성 파일은 길벗 홈페이지에서 다운로드할 수 있습니다. 검색창에 도서 이름을 입력하여 해당 도서를 검색할 수 있습니다.

DOWNLOAD

많은 사람이 열광하며 새로운 하나의 언어로 자리매김한 이모티콘! 이모티콘이란 뭘까요? 이 책을 통해 함께 제작할 이모티콘에 대해 알아보겠습니다. 초기 이모티콘 특징과 근본적인 목적을 이해하며 제작의 첫걸음을 시작합니다.

PART

00

emoticon

이모티콘

알아보기

CHAPTER

01 | 이모티콘 알아가기

이모티콘이 어떤 것인지, 어떻게 발전해 왔는지 전반적으로 이모티콘에 대해 알아보며 어떤 방향으로 제작해야 할지 생각할 수 있습니다.

STEP 01 **이모티콘이란?**

이모티콘의 정확한 의미와 시대의 변화에 따라 달라지는 이모티콘의 발전 흐름에 대해 알아봅니다.

우리는 다른 사람을 만나 대화를 할 때 상대방의 표정과 손동작 등의 비언어적 요소를 보고 상대방의 감정과 분위기를 파악합니다. 하지만 얼굴을 보지 않는 문자와 메일 같은 온라인 대화에서는 서로의 감정을 읽을 수 없어 소통의 오류가 생기고는 합니다. 글자만으로는 상대방의 메시지가 농담인지, 진지한 것인지, 화난 것인지 알 수 없어 당황스러울 때도 많습니다.

$$Σ(\overline{ \ }。\overline{ \ }/)/ \quad (\ {}^{°}Д{}^{°}\ ) \quad (T\text{-}T)$$

$$(\text{-}\_\text{-}) \quad (\ {}^{˘}ω{}^{˘}\ ) \quad (\ {}'⊙)४(⊙{}^{`}\ )$$

$$\backslash\backslash 9(ဓ\ {}^{`}\ {}^{\wedge}{}'\ ဓ)6//\ /\ (>\_<)$$

$$(\ ;\_\_;\ )9(6□6{}^{*}):(\ ;\ {}''{}^{°}'ω{}^{°}'):$$

이모티콘은 온라인 대화에서도 감정을 나타내기 위해 처음 사용되었습니다. 이모티콘의 어원은 감정을 의미하는 영어 'Emotion'과 기호를 의미하는 'Icon'의 합성어입니다. 즉 문자를 이용하여 만들어낸 감정을 표현하는 기호를 의미합니다. 초창기 이모티콘은 웃고, 울고, 찡그리는 표정을 문자 속에서 키보드 자판의 기호들을 조합해 나타내기 시작했습니다. 감정을 더 효과적으로, 더 간단히 표현하기 위해 탄생하여 그 어떤 언어적 표현보다도 정확한 의사 표현 기능을 담당하고 있습니다.

문자와 메일로 채팅을 하던 2000년대 초반에서는 이러한 텍스트 이모티콘이 인기를 끌었지만 스마트폰의 등장과 디지털 시대의 발전 흐름에 맞추어 점점 채팅 앱, SNS 등이 활성화되었습니다. 모바일 메신저의 대중화로 감정을 표현하기 위해 사용하는 이모티콘도 함께 발전되었습니다. 글자 기호로 만들어져 표정을 나타내는 텍스트형 이모티콘에서 벗어나, 캐릭터가 나와 만화 속 이야기처럼 움직이거나 글자가 추가되어 대사를 하는 이미지형 이모티콘으로 변화되었습니다. 이모티콘이라는 이름 안에서 다양한 콘텐츠로 의미가 확장되었습니다. 단순히 직접적인 표정을 나타내 한정적이었던 감정 표현을 복합적인 감정으로 표현할 수 있게 되었습니다.

또한, 이미지형 이모티콘은 다양한 캐릭터의 등장으로 사용자들은 같은 감정을 전달하더라도 취향에 따라 다채롭고 개성 있게 자신을 나타낼 수 있습니다. 글자가 추가되면서 특정한 상황에 다양한 이야기도 담을 수 있습니다. 이렇게 사용자들은 이모티콘의 매력에 빠지게 되었습니다. 이제는 이모티콘이 하나의 새로운 온라인 언어로 정착하고 있으며 생활 밀접한 곳에서 사용자들에게 소소한 즐거움을 전달하고 있습니다.

STEP 02 　**이모티콘의 용도**

이모티콘이 발전함에 따라 어원처럼 자신의 감정을 표현하는 수단으로 사용되던 이모티콘이 감정을 표현하기 위해 사용되는 용도를 넘어 각자의 다양한 이유로 사용되고 있습니다.

1.
원활한
감정 표현

이모티콘은 온라인으로 비대면 대화를 할 때 감정을 표현하면서 대화의 오류를 줄입니다. 같은 메시지라도 어떤 이모티콘을 사용하는지에 따라 내포하는 분위기와 의미가 달라집니다. '괜찮아'라고 메시지를 보내면서 환하게 웃고 있는 이모티콘을 보낼 때는 진심으로 괜찮다는 것을 느낄 수 있지만 우는 이모티콘, 화내는 이모티콘과 함께 보내면 실은 괜찮지 않다는 것을 느낄 수 있습니다. 이처럼 이모티콘은 말로는 전달하기 어려운 또 다른 의미를 전달할 수 있습니다.

2.
캐릭터 수집

매력적인 새로운 캐릭터들의 등장으로 사용자는 캐릭터에 팬심이 생기기도 합니다. 이모티콘은 캐릭터에 자신을 이입해 대화를 하게 됩니다. 내가 좋아하는 캐릭터를 대화에서 사용할 수 있고, 그 캐릭터로 '나'를 표현할 수 있어 새로운 이모티콘이 출시되면 수집 욕구가 들어 시리즈로 구매하는 경우가 많습니다.

3.
간편한 대화

글자를 일일이 입력하지 않아도 하나의 이모티콘 사용으로 상황을 표현하고 상대방에게 질문을 할 수 있습니다. 간편한 메시지 전달로 시간이 단축되면서 대화의 편의성으로 이모티콘을 사용합니다.

4.
놀이 문화

이모티콘은 사용자 간의 관계를 가깝게 만들어 딱딱한 대화가 아닌 부드럽고 재미있는 분위기의 대화로 만듭니다. 재미있는 콘셉트의 이모티콘으로 장난을 치며 이모티콘을 주고받는 과정이 하나의 재미 수단으로 발전됩니다. 단순한 감정을 글 대신 표현해 주던 도구에서 자신의 개성과 이미지를 표현하는 수단으로 진화하고 있습니다. 이제는 트렌드가 되고 하나의 놀이 문화까지 영역이 넓혀졌습니다.

커져가는 이모티콘 시장

이모티콘은 카카오톡을 중심으로 활발하게 새로운 사업으로 성장하고 있습니다. 과연 그 시장의 크기는 얼마나 될까요? 무궁무진한 이모티콘 시장에 대해 살펴봅니다.

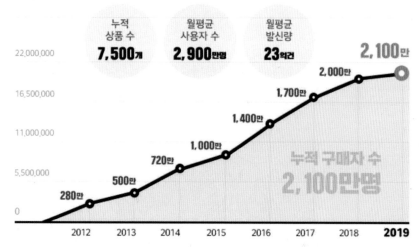

▲ 출처 : 카카오

여러분은 하루에 이모티콘을 얼마나 사용하시나요? 얼마나 많은 사람들이 이모티콘을 사용할까요? 국민 85%가량이 사용하는 국민 채팅 앱 카카오톡에서 이모티콘 스토어가 오픈된 이후 8년간의 성장세 그래프를 공개했습니다. 살펴보면 그 수치가 어마어마합니다. 2019년 기준 카카오 이모티콘의 누적 구매자 수가 무려 2,100만 명을 돌파했습니다. 2011년 이모티콘 시장이 생긴 이후 지난 8년 동안 꾸준히 매출과 수익이 증가했다고 합니다. 월평균 이용량은 약 23억 건으로 얼마나 많은 사람이 이모티콘을 사용하는지 살펴볼 수 있습니다.

일상 속 대화에 없어서는 안 될 존재로 자리 잡은 이모티콘, 어떤 사람들이 만들까요? 초창기의 이모티콘 서비스는 소수의 인기 웹툰 작가, 인기 캐릭터 작가, 캐릭터 디자인 업체에서 작업한 캐릭터들로 만들어졌습니다. 카카오톡에 이모티콘이 등장한 초기부터 좋은 반응을 얻게 되자 2017년 이모티콘 시장은 더 나아가 '카카오 이모티콘 스튜디오' 운영을 시작했습니다. 기존의 인기 작가들과 업체들만 만들 수 있는 이모티콘이 아닌 누구나 자신의 이모티콘을 상품화할 수 있도록 새로운 시장이 열렸습니다. 더욱더 개성 있고 다양한 이모티콘들이 시장에 등장할 수 있게 되었습니다.

캐릭터 디자이너가 아니더라도 나이, 직업, 경력에 대한 제약이 없어 학생, 회사원, 주부 등 모든 사람이 이모티콘을 만들고 상품화할 수 있습니다. 그림을 정식으로 배운 사람이 아니어도 이모티콘으로 전달하고 싶은 '이야기'만 있으면 누구나 이모티콘을 만들 수 있습니다.

돈이 보이는 이모티콘 시장

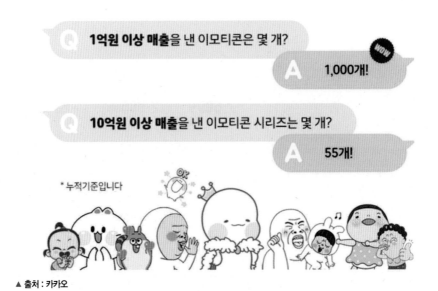

▲ 출처 : 카카오

생활 속에서 이모티콘이 또 다른 언어로 역할이 중요해짐에 따라 이모티콘 작가들의 수익도 늘어나고 있습니다. 국민 메신저 카카오에서 공개한 내용에 따르면 2019년 기준 출시 후 억대 매출을 낸 이모티콘이 무려 1,000개를 돌파했다고 합니다. 이 가운데 10억 원 이상의 매출을 낸 이모티콘 시리즈는 55개라고 합니다.

▲ 출처 : 카카오

인기 이모티콘이 나에게는 해당되지 않는 이야기로 느껴질 수 있지만, 카카오에서는 지속적으로 새로운 인기 이모티콘을 내보내기 위해 MD 추천으로 이모티콘 숍의 메인 페이지 노출, 카카오 이모티콘 플러스 친구 메시지 광고 등으로 신규 이모티콘을 홍보하고 있습니다. 인기 이모티콘 작가는 고정적인 것이 아닌 매년 끊임없이 나타나고 있습니다.

이렇게 카카오를 중심으로 이모티콘 시장이 커지고 있습니다. 카카오 이외에도 라인, 밴드, OGQ 마켓, 모히톡, 스티팝 이모티콘 플랫폼들이 함께 성장하고 있고 새로운 플랫폼들도 등장하고 있습니다. 이모티콘 산업은 성장 가능성이 더욱 기대되는 산업입니다.

기존의 캐릭터 산업은 주로 영유아 층을 겨냥했었습니다. 지금은 모바일 메신저를 기반으로 한 이모티콘을 통해 전 연령층이 캐릭터에 관심 가질 수 있도록 확대되었습니다. 바야흐로 캐릭터 산업이 또 다른 전성기를 맞이하게 된 것입니다. 인기 이모티콘의 경우 팬층이 형성되어 캐릭터의 굿즈 스토어가 열리기도 하고, 이모티콘을 넘어서 새로운 상품으로도 제작하여 판매되고 있습니다. 캐릭터 사업이 1인 기업으로 성장 가능성이 높아지고 있습니다. 단순히 의사소통을 원활히 하기 위해 사용되었던 이모티콘은 점차 활용 범위가 넓어지고 있습니다.

이모티콘은 누구에게나 도전 기회가 열려 있고, 한 번 성공하면 억대 수익이 날 정도로 대박을 터뜨릴 수 있습니다. 이모티콘 작가가 되고 싶은 마음이 듬뿍 생기지 않나요? 급속도로 발전하고 있는 이모티콘 시장이 앞으로는 창작자들에게 어떤 기회로 다가갈지 기대가 됩니다. 누구나 될 수 있는 이모티콘 작가! 저와 함께 이 책을 통해 그 길을 걸어가볼까요?

이모티콘 제작을 시작하며 필요한 준비는 무엇이 있는지 알아봅니다. 작업의 효율성을 높여 주는 준비물과 사용할 프로그램을 선택합니다. 시장 조사와 분석을 통해 인기 있는 이모티콘의 특징을 파악하며 트렌드 흐름을 읽고 감을 잡을 수 있습니다.

PART
01

emoticon

이모티콘

준비하기

CHAPTER 01 │ 이모티콘 준비물 알아보기

본격적으로 이모티콘 작업에 들어가기 위해 사용할 준비물을 알아보겠습니다. 특징과 함께
장단점을 살펴보고 상황에 따라 나에게 맞는 준비물을 찾는 것이 중요합니다.

STEP 01 │ 나에게 맞는 태블릿 찾기

태블릿은 펜 형태의 마우스를 사용해 종이에 그리듯이 그릴 수 있어 디지털 작업에 유용한 도구입니다. 태블릿
사용은 컴퓨터에 마우스로 작업하는 것보다 원하는 형태로 그릴 수 있는 정확도가 높아져 작업 능률이 높아집
니다. 가격은 고가의 제품부터 비교적 저렴한 제품들까지 다양합니다. 작업 형태에 따라 다양한 종류가 있어 사
용하는 방식과 가격 등을 고려해 선택하는 것을 권장합니다. 처음부터 고사양 제품을 사용할 필요는 없으니 상
황에 따라 적합한 태블릿을 선택합니다.

1.
가성비 높은
판 태블릿

판 태블릿은 컴퓨터에 연결하여 사용하는 기기입니다. 평평한 태블릿 판에 디지털 펜
을 대고 움직여 그림을 그리는 제품입니다. 태블릿 판은 마우스 패드처럼 생겼고 모
니터를 보며 패드 위에서 펜을 움직여야 하는 방식으로 조작에 익숙해지는 적응 기간
이 필요합니다. 적응 기간이 지나면 모니터를 보며 작업하는 것이 어느 정도 장점이
될 수 있습니다. 작업 화면이 손으로 가려지지 않아 전체 화면을 보며 작업하기 편리
하고, 고개를 숙인 상태로 작업하는 것이 아니어서 장시간 작업해도 바른 자세로 작
업할 수 있어 목, 어깨가 잘 피로해지지 않는 장점도 있습니다.

다양한 종류의 태블릿 중에서 가장 저렴한 가격으로 구매할 수 있어 초보자들도 가장 부담 없이 접할 수 있는 장비입니다. 처음부터 장비 구입에 큰돈을 들이기 부담스러우면 저렴한 판 태블릿을 권장합니다. 크기는 소형부터 대형까지 다양합니다. 태블릿 크기는 모니터의 크기에 따라 결정합니다. 모니터가 작으면 작은 태블릿, 모니터가 크면 큰 태블릿을 사용하는 게 좋습니다.

가장 인기 있고 대표적인 태블릿의 브랜드는 와콤입니다. 전반적으로 좋은 성능의 제품들이 있습니다. 하지만 비교적 고가의 브랜드입니다. 와콤 이외에도 저렴한 태블릿 브랜드들이 많이 존재합니다. 대표적으로 휴이온, XP-PEN, 파블로, 가오몬, 이지드로잉, 한본, 라파즈, Veikk 등이 있습니다.

2. 섬세하고 직관적인 액정 태블릿

액정 태블릿은 판 태블릿의 단점을 보완하여 설계된 제품입니다. 말 그대로 '액정'과 '태블릿'을 결합해 태블릿 판 부분이 액정으로 되어 있는 기기입니다. LCD 모니터 위에 직접 펜을 인식하므로 종이에 그리듯이 작업할 수 있습니다. 손과 화면이 일치되어 직관적인 작업 환경을 구현합니다. 적응 기간이 매우 짧고 이모티콘과 같은 선화 위주의 그림을 그릴 때 판 태블릿보다 더 빠른 작업이 가능합니다.

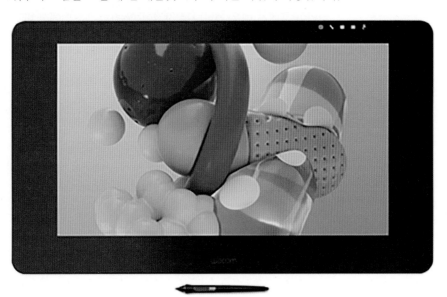

넓은 스크린 화면으로 정교하고 세밀한 그림을 직관적으로 작업할 수 있습니다. 하지만 전반적인 가격대가 높은 것이 가장 큰 단점입니다. 저렴한 액정 태블릿도 출시되고 있지만 판 태블릿과 비교해 고가의 장비입니다. 액정 태블릿의 또 한 가지 단점은 모니터와 비교해 색감 차이가 있습니다. 고가의 액정 태블릿이더라도 일반 모니터의 그래픽 성능에 비해 현저히 떨어지기 때문에 색감 차이가 생깁니다. 원하는 색상으로 작업하기 위해서는 모니터의 색감을 확인하며 작업합니다.

3.
태블릿과
노트북을
결합한
투인원 노트북

제가 이모티콘 제작에 사용하는 제품입니다. 화면에 터치 기능이 있어 액정 태블릿같이 펜으로 직접 화면에 그림을 그릴 수 있는 노트북입니다. 태블릿을 추가로 사용하지 않아 휴대가 매우 편하다는 장점이 있습니다. 화면에서 바로 확인하며 그림을 그려 정확도가 높습니다.

출시된 지 얼마 안 된 제품군이지만 인기 있는 제품이어서 점점 선택할 수 있는 종류가 다양해지고 있습니다. 대표적으로 갤럭시 북 플렉스, 노트북 펜 s의 삼성 제품과 엘지 그램 제품이 있습니다. 삼성 노트북 펜 s는 제가 사용하는 노트북입니다. 일반 노트북보다는 고가의 제품이지만 노트북에 액정 태블릿을 추가로 구매하지 않아도 되어 합리적입니다. 컴퓨터와 태블릿 모두 구매해야 하는 경우에 휴대성을 중요하게 생각한다면 투인원 노트북을 추천합니다.

4.
휴대하기
편한
아이패드

애플의 아이패드와 애플펜슬을 이용해 이모티콘을 만들 수 있습니다. 아이패드는 액정 태블릿같이 화면에 직접 그릴 수 있어 직관성이 좋습니다. 필압과 선 처리도 상당히 자연스러워 필기감이 좋습니다. 같은 애플의 제품인 아이맥 혹은 맥북을 사용 중이라면 아이패드와 연결해 액정 태블릿 용도로도 사용할 수 있어 활용도가 높습니다. 또한, 휴대성이 좋은 것이 가장 큰 장점입니다.

주의할 점은 이모티콘의 최종 작업은 컴퓨터 작업이 필요하기 때문에 아이패드는 보조 도구로 사용하는 것이 좋습니다. 또한, 사용할 수 있는 프로그램이 한정적이고 기능이 간략화되어 있는 단점이 있습니다. 그래서 비교적 간단한 형태의 이모티콘 제작에 적합합니다. 아이패드 중 애플펜슬을 사용할 수 있는 제품은 아이패드 프로, 에어 3세대, 미니 5세대, 6세대, 7세대가 있습니다. 휴대성이 높은 11인치와 넓은 화면의 12.9인치 중 선택해서 구매할 수 있습니다.

나에게 맞는 이모티콘 제작 프로그램 찾기

이모티콘을 만들기 위해 사용하는 프로그램을 알아보겠습니다. 다양한 프로그램으로 이모티콘을 만들 수 있습니다. 프로그램의 기능들, 장단점을 살펴보고 만드는 이모티콘 스타일에 맞춰 프로그램을 선택합니다.

1.
이모티콘을 위한 모든 작업이 가능한 포토샵

컴퓨터 그래픽 작업에 있어 가장 기본이 되는 프로그램입니다. 이모티콘 만들기부터 상품화까지 유일하게 모든 이모티콘 작업을 하나의 프로그램으로 제작할 수 있습니다. 포토샵은 드로잉에 필요한 브러시부터 이미지 설정, 편집까지 다양한 기능이 있어 폭넓은 작업이 가능합니다. 특히 타임라인 패널이 있어 애니메이션 구현이 가능합니다. 각 프레임별로 0.1초 0.05초와 같이 세밀하게 시간 조정 또한 가능합니다.

포토샵은 기본적으로 다양한 스타일의 브러시를 제공하고 추가로 원하는 브러시를 다운로드해 사용할 수 있습니다. 브러시 수정도 가능해 깔끔한 형태, 손 그림 형태 등 모든 스타일의 이모티콘을 만들 수 있습니다.

이모티콘 이외에도 여러 디자인 작업에서 사용되는 가장 대중적인 기본 프로그램입니다. 기본 프로그램인 만큼 여러 프로그램이 포토샵의 기본 환경을 따르고 있어 포토샵을 먼저 배운다면 다른 드로잉 프로그램을 배우기 수월합니다.

이모티콘을 만들 때 카카오 이모티콘의 경우 포토샵을 필수로 사용해야 합니다. 이모티콘 제안이 승인된 후에 이루어지는 상품화 단계에서 최종 작업은 카카오에서 포토샵 가이드를 받아 작업하고, 모든 이모티콘 작업을 포토샵 확장자인 PSD 파일로 제출하게 됩니다. 포토샵과 다른 드로잉 프로그램은 유료 프로그램이 많기 때문에 처음 시작하는 분이라면 여러 프로그램을 사용하기보다 포토샵을 먼저 배우고 필요에 따라 다른 프로그램을 추가로 사용하는 것을 권장합니다.

포토샵은 어도비 홈페이지에서 월 11,000원의 포토그래피 플랜을 구독해 사용할 수 있습니다. 매년 진행되는 자동 업데이트를 통해 최신 기능을 사용할 수 있습니다. 다른 어도비 프로그램을 사용한다면 월 62,000원의 금액으로 모든 프로그램을 함께 사용할 수 있습니다.

2.
깔끔한 선의
일러스트레이터

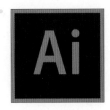

포토샵과 같은 어도비 사의 프로그램입니다. 일러스트레이터는 확대하거나 축소해도 깨지지 않는 벡터 형식을 기반으로 한 프로그램입니다. 일러스트레이터는 깔끔한 선의 이모티콘을 그리기 적합합니다. 선을 구성하는 점의 위치를 바꾸며 수정할 수 있어 디지털 드로잉에 서툰 분들도 쉽게 매끄러운 선을 그릴 수 있습니다.

잘못 그린 선을 다시 새로 그리는 것이 아니라 그린 선을 수정하면서 작업하기 때문에 정확도 높게 원하는 그림을 그릴 수 있습니다. 그린 이모티콘을 복사하고, 붙여 넣고, 변형하며 새로운 이모티콘을 만들 수 있어 빠르게 작업할 수 있습니다.

그림을 확대해도 깨지지 않는 특성 때문에 굿즈 제작에 필요한 디자인은 일반적으로 일러스트레이터 프로그램으로 작업합니다. 이모티콘 캐릭터로 굿즈를 제작해서 캐릭터 사업으로 인기를 끄는 경우가 많아졌습니다. 이모티콘에서 더 나아가 스티커, 핸드폰 케이스 등 자신의 캐릭터로 다양한 상품을 만들고 싶으면 일러스트레이터 프로그램도 배우는 것이 좋습니다.

하지만 애니메이션 기능을 지원하지 않기 때문에 일러스트레이터만으로 움직이는 이모티콘을 만들 수 없습니다. 일러스트레이터로 작업 후 포토샵 혹은 애니메이트 프로그램에서 모션 작업이 필요합니다. 두 프로그램을 같이 사용하는 것은 번거로운 작업일 수 있지만 그만큼 이모티콘 제작에 장점이 많은 프로그램입니다.

일러스트레이터는 어도비 홈페이지에서 월 24,000원으로 사용할 수 있습니다. 학생과 교사의 경우 더 저렴한 금액으로 할인 받을 수 있으니 어도비 홈페이지를 살펴보기 바랍니다.

3.
부드러운
움직임의
애니메이트

애니메이트는 어도비 사의 2D 캐릭터 애니메이션에 특화된 프로그램입니다. 이모티

콘 회사에서도 많이 사용하는 전문적인 프로그램입니다. 다른 드로잉 프로그램처럼 프레임별로 한 장씩 그리는 방식이 아닌 한 장의 그림을 움직이고 변형하여 애니메이션 작업이 가능합니다. 일러스트레이터 프로그램과 손쉽게 호환이 가능하기 때문에 필요에 따라 움직임을 줄 캐릭터를 애니메이트 안에서 바로 그리거나 일러스트레이터에서 그린 후 애니메이트로 불러와 움직임 작업을 진행합니다.

벡터 형식이기 때문에 손 그림 스타일의 이모티콘보다는 매끄러운 선의 깔끔한 이모티콘에 적합합니다. 움직이는 이모티콘 만들기에 여러 장점이 있는 프로그램이지만 전문 애니메이션 프로그램이기 때문에 난도가 높아 적응 기간이 필요합니다.

애니메이트는 어도비 홈페이지에서 월 24,000원으로 사용 가능합니다.

4.
비트맵과 벡터 작업이 가능한 클립 스튜디오

클립 스튜디오는 웹툰 작업에 많이 사용하는 프로그램입니다. 일러스트레이터에서 사용하는 벡터 형식과 포토샵에서 사용하는 비트맵 형식의 작업이 모두 가능한 프로그램입니다. 포토샵과 같이 기본으로 다양한 브러시를 제공하고 추가로 브러시를 다운로드해 사용할 수 있어 여러 스타일의 이모티콘을 만들 수 있습니다.

타임라인 기능도 있어 움직이는 이모티콘을 만들 수 있습니다. 앞뒤 프레임을 함께 보며 프레임을 그릴 수 있는 어니언 스킨 기능이 있어 효율적으로 애니메이션 작업이 가능합니다. 하지만 각 프레임별로 시간을 설정할 수 있는 포토샵과 달리 12프레임, 24프레임과 같이 1초당 진행되는 프레임의 수로 속도를 조절할 수 있습니다. 프레임별로 시간을 설정할 수 없어 디테일한 애니메이션 조정이 어렵습니다.

클립스튜디오는 PRO와 EX 두 버전이 있습니다. 두 버전의 가장 큰 차이점은 PRO 버전의 프레임 수가 24개로 제한되어 있습니다. 이모티콘 작업에서는 최대 24프레임을 사용하기 때문에 이모티콘만 작업 예정이라면 PRO 버전을 사용해도 좋습니다.

PRO 버전은 49.99달러, EX 버전은 219달러입니다. 월 별로 비용을 지불하는 구독형 방식의 어도비 프로그램과 달리 한 번의 구매로 계속 사용할 수 있습니다. 길게 봤을 때 비교적 저렴한 가격이 장점인 프로그램입니다. 또한, 종종 할인 이벤트도 진행합니다. 클립스튜디오 공식 트위터를 팔로우하면 할인 기간에 소식을 받을 수 있습니다.

5.
아이패드로
작업하는
프로크리에이트

프로크리에이트는 오직 아이패드에서만 사용할 수 있는 프로그램입니다. 아이패드를 사용하고 있으면 가볍고 효율적으로 작업할 수 있어 이모티콘 제작에 좋은 프로그램입니다.

12,000원 정도의 저렴한 가격으로 한 번 구매하면 지속적으로 사용할 수 있고 사용법이 쉬워 빠르게 배울 수 있습니다. 이모티콘 만들기를 처음 시작하는 분들도 부담 없이 사용할 수 있는 프로그램입니다. 지속적이게 좋은 방향으로 무료 업데이트가 진행되고 있습니다. 가장 최근 업데이트된 프로크리에이트 버전 5부터 타임라인 기능을 지원해 움직이는 이모티콘 제작까지 가능합니다. 어니언 스킨 등 움직이는 이모티콘을 만들기에 꼭 필요한 기능들로 구성되었습니다.

하지만 프레임별 시간 설정, 글자 테두리 넣기 등 컴퓨터 프로그램과 비교했을 때 생략된 기능들이 있어 정밀한 작업에는 어려움이 있습니다. 간단한 이모티콘을 그리기에 적합합니다.

6.
무료 프로그램
메디방 페인트

메디방 페인트는 모든 기능을 무료로 사용 가능한 그래픽 프로그램입니다. 다양한 브러시를 제공하고 있어 무료이지만 여러 스타일의 이모티콘을 그릴 수 있습니다. 컴퓨터에서 사용할 수 있는 프로그램과 핸드폰, 아이패드에서 사용할 수 있는 앱이 무료로 제공되어 다양한 장비에서 사용할 수 있습니다. 다만 다른 유료 프로그램과 비교했을 때 선 보정 기능이 없어 매끄러운 선과 완성도 있는 그림을 그리기 위해서는 많은 노력이 필요합니다. 또한, 움직임을 미리 볼 수 있는 타임라인과 Gif 저장 기능이 없어 움직이는 이모티콘을 제작하기에는 어려움이 있습니다.

카카오 이모티콘의 경우 포토샵을 필수로 사용해야 하기 때문에 상황에 따라 이모티콘을 그리는 연습 과정에서는 무료 프로그램을 사용하다가, 본격적으로 제안을 위해 제작할 때는 포토샵과 다른 유료 그래픽 프로그램을 사용하는 것을 권장합니다.

7.
추천 프로그램

이모티콘을 처음 제작하는 분들은 가장 기본적이고 카카오 이모티콘의 경우 필수로 사용해야 하는 포토샵부터 시작하는 것을 권장합니다. 포토샵을 먼저 배운 다음 퀄리티 있고 효율적으로 이모티콘을 작업하기 위해 추가로 프로그램을 구매하고 사용하는 것이 좋습니다.

추가 프로그램은 먼저 아이패드를 사용하고 있으면 가격이 저렴하면서 이모티콘을 만들 때 필요한 기능들로만 구성된 프로크리에이트를 추천합니다. 그리고 만드는 이모티콘의 스타일에 따라 프로그램을 선택합니다. 손 그림 스타일과 자연스러운 움직임의 이모티콘은 클립스튜디오, 깔끔하고 매끄러운 선을 사용하는 이모티콘이라면 일러스트레이터를 추천합니다. 애니메이트는 일러스트레이터와 함께 사용하기 좋은 프로그램이기 때문에 일러스트레이터를 먼저 배운 다음 애니메이션을 추가하고 싶으면 사용하는 것을 추천합니다.

다양한 프로그램을 배우는 것은 표현하고 싶은 부분들을 좀 더 효율적으로 작업할 수 있는 방법이기 때문에 기존의 작업 프로그램에서 더 나아가 다양한 프로그램을 배우는 것을 권장합니다.

CHAPTER
02 | 자료 조사와 수집하기

기획의 시작은 자료 조사입니다. 이모티콘에 관련된 여러 자료를 조사하고 수집합니다. 현재 상용화되고 있는 이모티콘들을 살펴보며 시장의 동향을 파악하고 나만의 이모티콘의 방향을 정합니다.

STEP 01   이모티콘 플랫폼별 특성

이모티콘 시장이 성장하면서 카카오톡부터 다양한 여러 플랫폼들까지 이모티콘을 제안할 수 있는 플랫폼들이 다양해졌습니다. 이모티콘 기획을 진행하기 위해서는 먼저 이모티콘을 제안하는 플랫폼의 전체적인 특징을 파악합니다. 같은 이모티콘이라고 해서 모두 같은 용도, 특징을 갖지는 않습니다. 플랫폼의 성격에 따라 이모티콘 사용자를 파악하면 더욱 효율적인 기획을 할 수 있습니다. 특징에 따라 어떤 접근의 기획이 필요한지 다음과 같이 플랫폼 각각의 특징을 이해하면 어느 정도 이에 대한 답을 얻을 수 있습니다.

1.
카카오
이모티콘
스튜디오

카카오톡은 국내 모바일 메신저 점유율 95%에 달하는 국민 메신저로 불리며 국내 이모티콘 시장 점유율 1위의 플랫폼입니다. 앱 이용자가 많은 만큼 카카오톡 이모티콘은 전 연령에 걸쳐 가장 많은 사용자가 이용하고 있어 큰 수익을 낼 수 있는 플랫폼입니다.

주소

https://emoticonstudio.kakao.com

용도

- 카카오톡 메신저, 다음 카페 댓글, 멜론, 카카오 페이지, 카카오 뮤직 등
- 카카오톡 이외에도 연동되는 다양한 서비스에서 사용할 수 있지만 아직까지는 카카오톡 용도로 많은 사용자가 이용하고 있습니다.

기획 추천 방향

카카오 이모티콘이 가장 많이 사용되는 카카오톡은 메신저 앱이기 때문에 대화형 이모티콘이 강세입니다. 대화 중 대답을 할 때, 자주 사용할만한 말들을 다양한 상황과 감정에 따라 제작하면 됩니다. 1:1 대화, 그룹방 대화, 연인 사이, 친구 사이, 직장에서, 가족 등 이모티콘을 누가, 언제, 어떻게 사용하는지 살펴 기획하면 사용도 높은 이모티콘을 만들 수 있습니다. 국내 메신저인 만큼 이모티콘에 직접적인 문구가 많이 사용됩니다.

제작 가이드

종류	멈춰있는 이모티콘	움직이는 이모티콘	큰 이모티콘
크기	360x360(px)	360x360(px)	540x540(px) 540x300(px) 300x540(px)
개수	32종	24종	16종
제안 형식	png 32종 / 투명 배경	gif 3종 / 흰색 배경 png 21종 / 투명 배경	gif 3종 / 흰색 배경 크기별 1종씩 제작 png 13종 / 투명 배경
용량	각 150KB 이내	각 2MB 이내	각 2MB 이내
프레임 수	–	24프레임 이내	24프레임 이내

승인과 미승인의 결과로 2주 내외의 심사 통과 후 출시할 수 있습니다. 출시되는 이모티콘의 수가 한정되어 있기 때문에 굉장히 경쟁이 치열합니다. 이모티콘의 가장 큰 시장인 만큼 승인율은 매우 낮습니다. 승인 이후 카카오 이모티콘 스튜디오에서 제안, 상품화 과정과 출시까지 체계적으로 이루어집니다. 일반적으로 3~6개월의 작업 기간과 오픈 준비 기간이 필요합니다. 높은 승인의 벽과 오랜 작업 기간으로 출시까지 어려움이 따르기는 하지만 출시 후 큰 인기를 끌지 못하더라도 타 플랫폼에 비해 높은 수익을 얻을 수 있습니다. 최소 몇십만 원부터 억대의 수익까지 각 이모티콘의 인기에 따라 천차만별의 수익을 불러옵니다.

2.
밴드
스티커샵

네이버의 모임 앱인 밴드에서 사용하는 이모티콘입니다. 전 연령대가 많이 사용하는 카카오톡과 달리 밴드 이모티콘의 주 사용자는 30대~40대 이상으로 카카오톡보다 상대적으로 사용자의 연령대가 높습니다. 사용자 연령대가 높은 만큼 주로 따뜻하고 긍정적인 메시지의 이모티콘이 강세를 보이고 있습니다. 최근에는 가벼운 장난형 이모티콘도 출시되고 있지만 아직까지는 공손한 메시지를 담은 이모티콘이 큰 인기를 끌고 있습니다.

주소

https://partners.band.us/partners/sticker?lang=ko

용도

• 네이버 밴드의 글, 댓글, 채팅
• 일반적인 채팅 메신저 앱과는 다른 성격으로 동호회, 스터디, 주제별 모임 공간에서 글을 쓰고 댓글을 쓸 때 사용합니다.

기획 추천 방향

뭐해? 왜? 배고파 등 메신저 대화에서 많이 사용하는 메시지보다 밴드의 글과 댓글에서 많이 사용하는 메시지들로 구성하는 것이 좋습니다. 사용하는 연령대가 높고 가까운 친구 사이의 대화보다는 사회적 모임에서 사용하는 밴드의 특성상 장난스러운 이모티콘보다는 공손하고 착한 느낌의 이모티콘이 많이 판매되며 인기 이모티콘으로 이어지고 있습니다. 장난형 대화 이모티콘보다는 칭찬, 감사, 축하의 메시지가 주를 이루는 것이 좋습니다. 그림 스타일 또한 30대~40대 이상 연령대에게 사랑받을 수 있는 따뜻하고 디테일한 느낌의 이모티콘이 인기 이모티콘의 주를 이룹니다.

제작 가이드

종류	멈춰있는 이모티콘	움직이는 이모티콘
크기	370x320(px)	370x320(px)
개수	40종	24종
제안 형식	png 5종	gif 3종 png 5종

카카오톡 이모티콘보다는 승인율이 높지만 담당자들의 내부 심사가 이루어지므로 승인율이 비교적 낮은 편입니다. 2주에서 4주간의 심사 통과 후 출시할 수 있습니다.

승인 이후 밴드 스티커샵 담당자와 제안 시 기입한 메일로 계약과 함께 몇 차례 피드백 교환으로 스티커 상품화 작업을 거치게 됩니다. 상품 제작이 완료되면 밴드 스티커 샵에 출시됩니다. 심사 통과 후 출시까지는 대략 한 달 이상의 작업 기간과 오픈 준비 기간이 필요합니다. 평균적 수익이 두 번째로 많은 플랫폼입니다.

3.
네이버
OGQ 마켓/
아프리카TV
OGQ 마켓

네이버 블로그, 카페와 아프리카TV의 다양한 서비스에서 사용하는 이모티콘입니다.

주소

http://ogqmarket.naver.com

용도

• 네이버 블로그 글과 댓글, 네이버 카페 글과 댓글, 아프리카TV 방송 채팅

• 다른 이모티콘 플랫폼과 달리 용도가 다양한 것이 특징입니다.

기획 추천 방향

네이버 OGQ에서 사용하는 이모티콘의 여러 용도 중 한 가지 명확한 용도를 정해 기획하는 것이 좋습니다. 그중 아직까지 가장 많은 사용자가 이용하는 용도는 블로그 포스팅용입니다. 블로그는 일반적으로 정보성 글이 많으며 리뷰, 여행, 맛집, 뷰티 등 한 가지의 키워드를 집중적으로 포스팅하는 블로그가 많기 때문에 그에 맞게 한 가지 주제를 정해 제작하는 것이 좋습니다.

인기 이모티콘을 살펴보면 다른 플랫폼과 달리 움직이는 이모티콘보다 멈춰있는 이모티콘이 인기가 많은 편입니다. 캐릭터 이모티콘이 아니더라도 제작이 비교적 쉬운 글자 위주의 이모티콘 혹은 메시지가 담겨 있지 않고 포스팅을 꾸미는 용도로 사용하는 구분 선 이모티콘도 인기가 있습니다. 인기 이모티콘이 자주 바뀌고 신규 이모티콘이 인기 이모티콘으로 올라갈 수 있는 확률도 높습니다.

아프리카TV OGQ는 2019년 12월 론칭한 서비스입니다. 네이버 OGQ 마켓, 아프리카TV 방송의 채팅창 영역에서 사용할 수 있습니다. 아프리카TV를 통해 이모티콘 사용 영역을 확대하고 있습니다. 아프리카TV 방송을 보며 사람들이 자주 사용하는 말을 이모티콘으로 만들면 높은 경쟁력의 이모티콘을 만들 수 있습니다. 수많은 댓글 중 눈에 띌 수 있는 형태로 제작하는 것이 좋습니다.

제작 가이드

종류	멈춰있는 이모티콘	움직이는 이모티콘
크기	740x640(px)	740x640(px)
개수	24종	24종
제안 형식	png 24종	gif 24종
용량	각 1MB 이내	각 1MB 이내
프레임 수	–	100프레임 이내

심사 기간은 약 2주간 소요되지만 대부분의 제안 이모티콘이 승인으로 이어집니다. 승인율이 높은 만큼 수익은 낮은 편입니다. 하지만 아프리카TV OGQ 마켓, 상품화 요청 등 다양한 서비스가 추가되고 있어 지속적인 성장 가능성이 있는 플랫폼입니다. 출시의 진입장벽도 낮고 멈춰있는 이모티콘도 인기가 있어 지속적으로 여러 종류의 이모티콘을 차곡차곡 출시하며 수익을 내는 것을 권장합니다.

상품을 판매할 수 있는 OGQ 스토어 서비스도 진행 중입니다. OGQ 마켓에서 출시한 이모티콘이 500명 이상에게 상품화 요청을 받으면 OGQ 스토어에서 자신의 캐릭터로 상품을 제작해 판매할 수 있습니다. 상품화 과정에서 초기 자금이 필요하지 않고 상품 유통 또한 OGQ 스토어에서 진행되기 때문에 간편하게 자신의 캐릭터로 제품을 판매할 수 있습니다. 스티커, 그립톡, 핸드폰 케이스, 에어팟 케이스 등 다양한 캐릭터 상품을 제작할 수 있습니다. 판매 수익은 상품 제작비, 유통 비용을 제외한 수입금 일부의 금액을 월별로 정산 받는 방식입니다.

4.
모히톡
(mojitok)

모히톡은 메신저에 텍스트를 치면 인공지능을 통해 그에 적절한 이모티콘을 추천해 주는 서비스입니다. 모히톡은 다양한 글로벌 마켓에 판매되는 이모티콘입니다.

주소

https://stickerfarm.mojitok.com

용도

- 삼성 갤럭시 키보드, 애플 iMessage, 페이스북 Messenger, Zalo, Global Friend
- 다양한 국내외 메신저 앱에서 사용합니다.

기획 추천 방향

다양한 종류의 메신저 앱에서 사용하며 감정 표현 위주의 대화 형식으로 제작하는 것이 좋습니다. 모히톡은 국내 사용자 이외에도 해외 사용자들이 많기 때문에 한글로 이루어진 메시지보다는 'Good', 'Thank you.' 같이 통용되는 영어 문구를 넣거나 문구가 들어가지 않은 이모티콘으로 제작하는 것이 좋습니다. 문구가 들어가지 않아도 어떤 감정을 표현하는 이모티콘인지 바로 알 수 있도록 제작하는 것이 중요합니다.

제작 가이드

종류	멈춰있는 이모티콘	움직이는 이모티콘
크기	618x618(px)	618x618(px)
개수	자유	자유
제안 형식	png	gif(권장) / apng
용량	500KB 이내	500KB 이내
프레임 수	–	15프레임 이내 2초 이내

판매 수익은 다른 플랫폼과 다르게 이모티콘 한 세트의 판매량이 아닌 낱개 이모티콘의 사용량에 따라 수익이 측정됩니다. 한 감정으로 여러 가지의 이모티콘을 만들 수 있고 이모티콘 제작 개수가 정해져 있지 않으니 다양한 이모티콘을 제안하는 것이 유리합니다. 실시간 판매 수익이 한 달 단위로 업데이트되며 총 수익이 100달러 이상이 되면 결제 대금 요청을 통해 정산 받을 수 있습니다.

인기 이모티콘을 살펴보면 멈춰있는 이모티콘보다 움직이는 이모티콘이 인기가 많은 편입니다. 인기 top7의 작가 평균 수익은 100만 원대로 알려져 있어 인기 이모티콘이 되면 비교적 높은 수익을 기대할 수 있습니다.

매주 Popular, Rising 이모티콘을 선정해 상금을 주는 이벤트와 스티커 팜 챌린지 이벤트를 진행하고 있습니다. 정해진 기간 안에 제시하는 주제 미션에 맞춰 이모티콘을 제작하면 상금을 받을 수 있습니다. 이모티콘 작가에게 다양한 기회를 제공하며 성장하고 있는 플랫폼입니다.

5.
라인
크리에이터스
마켓

세상에서 하나뿐인 스티커와
이모티콘, 테마를 만들어 보세요.

주소

https://creator.line.me/ko/

용도

- 라인 메신저
- 메신저 앱 라인에서 사용하는 이모티콘입니다. 국내보다 일본과 해외에서 많이 사용하는 메신저 앱입니다.

기획 추천 방향

메신저 앱에서 사용하는 이모티콘으로 일상적인 대화나 커뮤니케이션에서 자주 사용하는 내용이 좋습니다. 모히톡과 같이 해외에서 많이 사용하는 서비스이기 때문에 한글이 들어간 이모티콘보다 문구가 들어가지 않은 이모티콘으로 제작하거나 영어, 일본어가 들어간 이모티콘도 좋습니다. 표정, 감정을 알기 쉽고 심플한 내용으로 제작합니다. 인기 이모티콘을 살펴보면 귀엽고 아기자기한 느낌의 이모티콘이 많습니다. 귀여운 느낌의 대화형 이모티콘이 인기 이모티콘으로 이어질 확률이 높습니다.

제작 가이드

종류	멈춰있는 이모티콘	움직이는 이모티콘
크기	최대 370x320(px)	최대 320x270(px)
개수	8, 16, 24, 32, 40종 중 선택	8, 16, 24, 32, 40종 중 선택
제안 형식	png	apng
용량	각 1MB / 총 20MB 이내	각 300KB / 총 20MB 이내
프레임 수	–	5~20프레임 4초 이내

승인율은 매우 높은 편으로 가이드 확인 후 가이드에 맞게 제안하면 대부분 출시로 이어집니다. 미승인이 되더라도 정확한 미승인 사유를 안내해 주기 때문에 수정 후 재제안으로 출시할 수 있습니다. 움직이는 이모티콘, 멈춰있는 이모티콘 모두 완성된 이모티콘으로 제안하기 때문에 별도의 수정 작업과 상품화 기간 따로 없이 승인 후 바로 판매가 이루어집니다.

하지만 세계적으로 사용하는 서비스의 이모티콘인 만큼 제안 수가 많아 출시 이후 다른 이모티콘에 금방 묻히기 쉽습니다. 출시는 쉽지만, 인기 이모티콘으로 가는 진입 장벽이 높아 수익성은 기대하기 어렵습니다.

제안 사이트가 영어로 되어 있고 페이팔 계정으로 이모티콘 수입을 지급받을 수 있기 때문에 제안과 수입 지급 과정이 번거로울 수 있습니다.

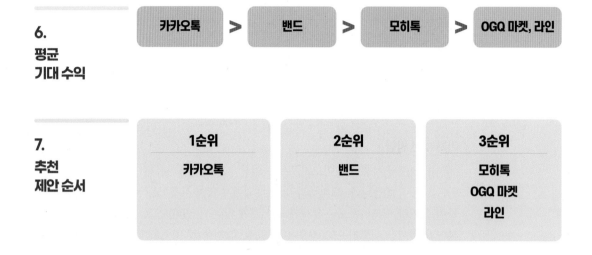

6. 평균 기대 수익

카카오톡 > 밴드 > 모히톡 > OGQ 마켓, 라인

7. 추천 제안 순서

1순위	2순위	3순위
카카오톡	밴드	모히톡 OGQ 마켓 라인

Q 하나의 이모티콘을 여러 플랫폼에서 판매할 수 있나요?

A 플랫폼별로 규정이 다르기 때문에 정확한 규정을 살펴보고 진행해야 합니다. 카카오톡의 경우 제안 승인된 상품은 카카오와 작가의 협업을 통해 상품화 과정을 거쳐 출시하게 됩니다. 이러한 과정을 거친 상품은 동일한 상품 구성으로 타 플랫폼에 서비스는 불가능합니다. 타 플랫폼에 서비스되고 있는 상품을 카카오톡으로 제안하는 것은 가능하나 이 사항은 타 플랫폼의 정책을 확인해야 합니다.

밴드의 경우 같은 네이버 계열의 플랫폼인 라인, OGQ 마켓은 가능하지만 타 플랫폼에서 밴드 스티커샵에 오픈한 스티커 이미지와 동일한 컷을 이용하여 오픈하는 것은 제재하고 있습니다.

모히톡의 경우 초기에는 타 플랫폼과 같은 이모티콘을 판매하는 것에 대한 제재가 없었지만 2019년 정책 변경으로 타 플랫폼에 등록되어 판매되고 있는 동일한 콘텐츠는 판매가 어렵게 되었습니다.

네이버 OGQ 마켓과 라인의 경우에는 이와 관련해 제재하는 정책이 없기 때문에 타 플랫폼과 동일한 이모티콘을 판매할 수 있습니다.

하지만 이러한 정책은 플랫폼의 상황에 따라 달라질 수 있기 때문에 진행하기 전 제안하는 플랫폼의 규정을 먼저 정확하게 살펴보는 것이 바람직합니다.

인기 이모티콘 파악하기

사용자들은 어떤 이모티콘을 좋아할까? 인기 이모티콘을 살펴보는 것은 사용자들이 좋아하는 이모티콘 형태와 트렌드를 알 수 있어 중요한 과정입니다.

1. 인기 순위 파악하기

플랫폼별로 인기 순위를 파악하는 것은 어떤 이모티콘을 제작해야 할지 기획의 방향을 잡을 수 있어 아주 중요합니다. 새로운 상품을 기획할 때 첫 단계는 시장 조사입니다. 이모티콘 또한 개인의 작품 활동이 아닌 사용자에게 판매되는 하나의 상품이기 때문에 변화하는 이모티콘 트렌드에 맞춰 인기 이모티콘의 시장 조사가 필요합니다. 시장 조사는 사용자의 니즈를 파악하여 어떤 기획을 해야 하는지 알아볼 수 있는 가장 기본적인 과정입니다.

사용자들의 선호 스타일을 어떻게 알 수 있을까요? 바로 인기 이모티콘 순위를 통해 알아볼 수 있습니다. 이모티콘을 제작할 때 인기 이모티콘 분석은 필수라고 할 수 있습니다. 이모티콘 시장은 트렌드에 굉장히 민감합니다. 유행하는 스타일에 관심을 가져야 하며 살펴보는 것이 좋습니다.

저는 매일 신규 이모티콘과 인기 이모티콘을 확인하며 어제 나왔던 이모티콘들이 출시 다음날 어느 순위에 있는지 확인합니다. 어떤 이모티콘이 사용자에게 어필되었는지 이모티콘의 어떤 점들을 사용자가 좋아하는지를 확인할 수 있습니다.

매일 업데이트되는 인기 순위를 살펴보며 내 이모티콘이 부족한 점은 무엇인지 강점은 무엇인지 사용자들이 선호하는 스타일을 연구해 기획합니다. 또한, 이모티콘을 만들기 시작하는 분들은 다양한 인기 이모티콘을 보고 시각적인 눈높이를 높일 수 있습니다. 눈높이가 높아지면 표현력 또한 다양해질 수 있습니다. 현재의 이모티콘들을 참고하고 때로는 의식하며 대중적으로 사랑받는 이모티콘의 스타일은 무엇인지 항상 뒤처지지 않도록 예민하게 살펴봐야 합니다.

2. 카카오톡 이모티콘 실시간 인기 순위 파악하기

카카오톡 이모티콘은 현재 인기 있는 이모티콘인 실시간 이모티콘 순위를 확인하는 기능이 있습니다. 카카오톡 앱의 이모티콘샵에서 검색 아이콘을 터치하면 시간별로 1위부터 21위까지의 순위를 보여 줍니다. 실시간 이모티콘 순위의 경우 꼭 확인해야 하는 것은 아니지만 카카오톡 자체 마케팅 광고에 따라 달라지는 순위를 확인할 수 있습니다.

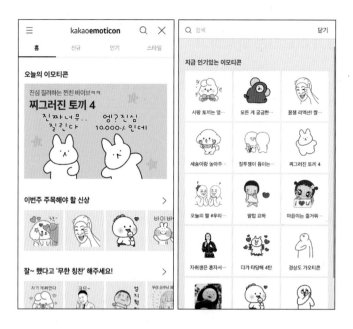

3.
카카오톡
이모티콘
연령대별
선호 스타일

전 연령대가 사용하는 카카오톡 이모티콘! 모든 연령대에서 같은 스타일의 이모티콘이 인기 있는 것은 아닙니다. 개인의 기호에 따라도 달라지겠지만 연령대별로 누구와 이모티콘을 사용하며 대화하는지 상대에 따라 인기 스타일이 달라집니다. 10대~20대는 또래 친구들, 30대~40대는 직장 생활, 사회생활 대화에서 많이 사용합니다. 카카오톡 인기 이모티콘의 순위 목록은 10대, 20대, 30대, 40대로 분류되어 있어 특정 연령대가 어떤 스타일의 이모티콘을 선호하는지 한눈에 확인할 수 있습니다.

연령대별 선호 스타일을 살펴보면 연령대별로 선호하는 이모티콘 메시지와 캐릭터의 스타일이 다르다는 것을 확인할 수 있습니다. 만약 연령대별 선호 스타일을 살펴보지 않고 메시지는 10대~20대가 선호하는 메시지로 구성하고 캐릭터의 외형은 30대~40대가 선호하는 외형으로 설정하면 이도 저도 아닌 이모티콘이 만들어질 위험이 있습니다. 이모티콘의 콘셉트를 정한 뒤 어떤 세대가 많이 사용할 것 같은지 타깃층을 선정하고 연령대별로 인기 있는 스타일을 파악해 선호하는 스타일로 연구하는 것이 좋습니다.

▲ 10대

10대

10대의 인기 이모티콘은 단순하고 귀여운 스타일이 많습니다. 흰색 바탕의 검은색 외형선 형태로 쉽게 따라 그릴 수 있는 자유로운 형태의 이모티콘이 인기 순위의 많은 비중을 차지합니다. 색 또한 다채롭게 사용된 이모티콘보다 단순한 색을 사용한 이모티콘이 주를 이룹니다.

특히 10대는 친구 사이에 이모티콘을 사용하는 경우가 대부분이기 때문에 상대방을 괴롭히고 장난치며 재미있게 대화할 수 있는 이모티콘이 인기가 많습니다. 유행어나 재치있는 문구들이 함께 자주 사용됩니다.

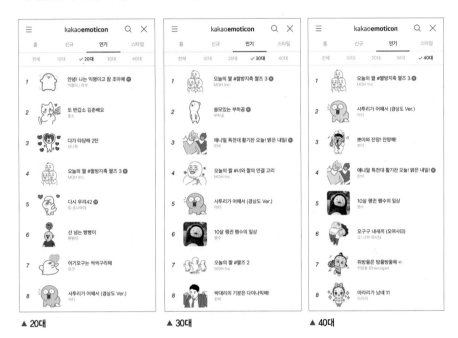

▲ 20대   ▲ 30대   ▲ 40대

20대

10대 인기 이모티콘과 함께 흰색 바탕의 단순한 형태 이모티콘이 인기가 많습니다. 그중 커플 이모티콘이 가장 인기 있는 연령대입니다. 커플 사이 장난스럽고 귀엽게 사랑 표현을 전하는 이모티콘이 인기가 많습니다. 또한, 문구가 없이 메시지가 뚜렷하지 않아도 귀엽고 재미있는 이모티콘이라면 인기 이모티콘이 될 수 있습니다.

30대

10대에서는 문구가 재미있는 이모티콘이 인기가 많다면 30대에서는 캐릭터의 표정과 동작이 강조된 코믹한 스타일의 이모티콘이 인기가 많습니다. 직장 생활, 사회생활에서 사용할 수 있는 콘셉트의 이모티콘이 가장 인기 있는 세대입니다. 색 표현은 10대~20대보다 좀 더 다양한 색이 사용된 이모티콘을 많이 볼 수 있습니다.

40대

40대 인기 이모티콘의 특징은 메시지 전달이 확실한 이모티콘이 인기가 많습니다. 다채로운 색상의 완성도 높은 캐릭터로 애니메이션에 나올 것 같은 과장된 표정과 움직임을 사용해 유쾌하면서 확실하게 감정 표현을 전달합니다. 메시지 전달에 중요한 요소인 글자가 들어간 이모티콘보다 들어가 있지 않은 이모티콘을 선호하는 경향이 있습니다. 10대~20대에서는 특별한 콘셉트로 재미를 강조한다면 40대 인기 이모티콘에서는 귀엽고 매력적인 캐릭터로 자연스러운 움직임을 활용해 일상 대화에서 많이 사용하는 실용성 높은 메시지가 주를 이룹니다.

10대~20대와 달리 또래 친구와의 대화보다는 직장 생활, 사회생활 모임의 대화가 많아 장난스러운 이모티콘보다 공손하고 착한 메시지를 담은 이모티콘이 인기가 많습니다. 감정 표현도 화, 슬픔, 우울 등 부정적인 감정을 표현하는 이모티콘보다 긍정적인 감정을 표현하는 이모티콘의 비중이 높습니다. 캐릭터 유형은 단순한 기본형 캐릭터보다는 감정 표현이 확실한 사람 형태의 캐릭터가 인기 있습니다. 그중에서 또 다른 40대 인기 이모티콘의 두드러진 특징은 캐릭터에 대한 팬심이 높은 것입니다. 특정 캐릭터의 시리즈 이모티콘을 구입해 인기 순위가 고정적으로 탄탄한 경우가 많습니다. 시리즈로 이어지면 지속적으로 인기 이모티콘으로 이어질 확률이 높습니다.

출시 이모티콘을 살펴보면 10대~20대 타깃의 이모티콘이 대부분이어서 40대를 타깃으로 한 이모티콘을 기획하는 것도 좋은 방법입니다.

4.
소콘소콘의 카카오톡 승인 이모티콘

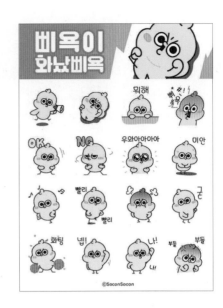

눈치보는 봉구(움직이는 이모티콘)

기획 콘셉트

눈치를 보며 감정 표현을 하는 강아지 이모티콘. 어딘가 허술해 보여 보살펴 주고 싶게끔 만드는 콘셉트입니다.

디자인 콘셉트

작은 입 크기로 소심한 성격을 내보였으며 삐뚤어진 귀와 코의 위치로 허술해 보이는 매력을 느낄 수 있도록 제작했습니다.

제안 시 이모티콘 설명

봉구는 항상 귀를 쫑긋 세우고 눈치를 보고 있어요. 눈치를 보며 조심스레 하고 싶은 말을 하는 봉구, 어딘가 모르게 허술해 보이는 귀여움으로 사람들이 봉구를 보고 미소 지을 수 있도록 제작했습니다.

삐욕이 화났삐욕(움직이는 이모티콘)

기획 콘셉트

귀여운 얼굴의 병아리 캐릭터에 상반되는 성질 나쁜 병아리 캐릭터. 귀여운 모습과 반전 매력이 콘셉트입니다.

디자인 콘셉트

흔들릴 때 모션 블러 효과를 주어 더욱 빨리 움직이게 보이게끔 했고 눈의 주름으로 화난 표정을 연출했습니다.

제안 시 이모티콘 설명

삐욕이는 작고 귀여운 외모로 화를 내는 이모티콘입니다. 귀엽게 화를 내는 삐욕이로 부담스럽지 않게 부정적인 감정을 표현할 수 있도록 제작했습니다.

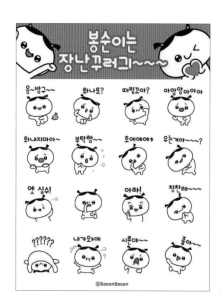

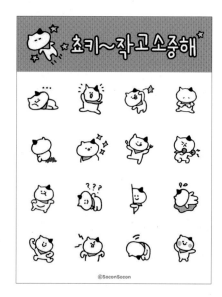

봉순이는 장난꾸러기(움직이는 이모티콘)

기획 콘셉트

친구들 간의 대화에서 장난치며 사용하는 콘셉트의 이모티콘입니다. '화나또?', '화내지마아~' 같이 이모티콘이 이어지게 해서 끊임없이 약 올릴 수 있도록 기획했습니다.

디자인 콘셉트

양갈래 머리로 장난스럽고 발랄한 이미지를 주었고 반짝이는 눈으로 악의 없이 장난치는 순수한 표정을 표현했습니다.

제안 시 이모티콘 설명

친구를 약 올리면서 괴롭힐 때 재미있게 사용할 수 있는 이모티콘입니다. 약 오르지만 귀여운 봉순이로 사용자가 재미있게 사용할 수 있도록 제작했습니다.

쵸키~작고소중해(멈춰있는 이모티콘)

기획 콘셉트

10대~20대를 타깃으로 허술해 보이는 귀여움을 어필하는 캐릭터 이모티콘입니다. 작지만 감정을 명확하게 표현할 수 있도록 제작했습니다.

디자인 콘셉트

다른 이모티콘보다 작고 소중한 느낌으로 제작했고, 삐뚤빼뚤하고 굵은 외곽선으로 낙서를 한 듯한 느낌으로 친근한 귀여움을 표현했습니다.

제안 시 이모티콘 설명

쵸키는 작은 세상속에서 작은 것에도 행복을 느끼고 즐거워하는 작고 소중한 캐릭터입니다. 제발,,, 승인해주시면,, 안 될까요,,,? 작고 소중한 쵸키를,, 많은 사람들이,,봐줬으면,,좋겠어요,,

우리 집 서열왕 두철이(움직이는 이모티콘)

기획 콘셉트

'말티즈는 참지않긔' 문구를 모티브로 귀엽기만 한 강아지가 아닌 사납고 자기 멋대로지만 평소에는 발랄하고 귀여운 외모로 미워할 수 없는 콘셉트로 제작했습니다. 우리 집 서열왕이라는 콘셉트를 어필하기 위해 귀여운 외모에 어울리지 않을 수 있는 '두철이'라는 강한 이름으로 지었습니다.

디자인 콘셉트

연한 베이지색으로 관리가 안 된 꼬질꼬질한 털을 표현했고 움직일 때마다 흔들리는 털로 복슬복슬한 느낌을 주었습니다.

제안 시 이모티콘 설명

우리 집 서열왕 두철이는 많은 사람들에게 사랑받는 귀여운 말티즈의 현실 모습, 생떼 부리는 참지 않는 말티즈를 모티브로 제작한 이모티콘입니다!

흔한칭긔(움직이는 이모티콘)

기획 콘셉트

주변에서 흔하게 볼 수 있는 친구 콘셉트의 이모티콘입니다. 가장 중점을 둔 부분은 친근감과 공감입니다. 남의 시선을 신경 쓰지 않고 장난기 넘치는 모습으로 학창 시절 반에 한 명씩 꼭 있어 공감할 수 있도록 제작했습니다. '우리는 칭구칭긔' 유행어를 모티브로 '흔한칭긔' 이모티콘 이름을 지었습니다.

디자인 콘셉트

앞머리의 롤과 한쪽으로 대충 묶은 머리로 주변에서 흔하게 볼 수 있는 털털한 친구의 모습을 표현했습니다. 말랑말랑한 느낌의 애니메이션으로 귀여움을 더했습니다.

제안 시 이모티콘 설명

주변에 꼭 있는 친구! 털털하게 앞머리 롤 달고 다니며 장난꾸러기인 친구! 흔한칭긔는 이런 친구들을 모티브로 제작한 이모티콘입니다.

흔한 딸래미(움직이는 이모티콘)

기획 콘셉트

가족과 함께 사용할 수 있는 이모티콘입니다. 밖에서는 얌전해도 엄마, 아빠 앞에서는 발랄한 모습의 딸 콘셉트입니다. 실제로 자주 사용하는 말들을 넣어 사용성 높은 이모티콘을 기획했습니다.

디자인 콘셉트

머리의 세안 밴드와 아무렇게나 질끈 묶은 머리, 삐죽삐죽 튀어나온 머리카락으로 집에서만 보이는 편한 차림의 딸 모습으로 제작했습니다. 포인트되는 세안 밴드의 노란색으로 발랄한 느낌을 더했습니다.

제안 시 이모티콘 설명

집에서 다들 이러고 있잖아요? 엄마, 아빠만 아는 똥꼬 발랄 흔한 딸래미의 모습! 익살스러운 애교 많은 딸래미의 모습을 이모티콘으로 제작했습니다!

푸키~ 진짜 귀여워(움직이는 이모티콘)

기획 콘셉트

다양한 상황에서 사용할 수 있도록 문구 없이 감정 표현을 전달하는 이모티콘입니다. 움직이는 동작으로 확실한 감정 표현을 담았습니다.

디자인 콘셉트

먼저 출시한 '쵸키~작고소중해'의 시리즈 캐릭터로 비슷한 외형으로 제작했습니다. 캐릭터 상품으로 응용할 수 있도록 심플한 모습으로 제작했으며 울퉁불퉁한 선으로 대충 그린 듯한 느낌을 주어 친근감을 어필했습니다.

제안 시 이모티콘 설명

푸키는 낙천적인 성격의 캐릭터 이모티콘입니다. 씰룩씰룩 흔드는 모습 너무 귀엽지 않나요,,,? 푸키만의 귀여움으로 다양한 감정을 제작했습니다!

포퐁~ 행복해져랏!(움직이는 이모티콘)

기획 콘셉트

보기만 해도 행복해질 수 있는 긍정적인 이모티콘을 기획했습니다. 24종 모두 긍정적인 문구를 담고 있어 상대방에게 응원의 메시지를 전달할 수 있습니다.

디자인 콘셉트

큰 입으로 행복한 미소를 짓고 있는 캐릭터입니다. 채도 높은 노란색의 볼 터치로 긍정적이고 밝은 이미지를 나타냈습니다.

제안 시 이모티콘 설명

포퐁은 행복이 많은 곰돌이입니다. 작은 것에도 행복을 느끼는 포퐁과 함께라면 많은 사람들이 행복해질 거예요!

울 엄마의 사회생활!(움직이는 이모티콘)

기획 콘셉트

40대 이상의 워킹맘들을 위한 이모티콘입니다. 가족들에게 사용하는 말들로 구성된 엄마 이모티콘에서 사용 영역을 넓혀 사회생활 동료들에게 사용할 메시지들을 담았습니다.

디자인 콘셉트

큰 눈, 화려한 색상 등 40대에게 호감을 일으킬 수 있도록 디자인했습니다. 타깃에 맞춰 글자 크기를 크게 키워 메시지가 잘 읽히도록 했습니다. 주요 색상은 밝은 분홍색으로 화사한 색감을 사용했습니다. 또한, 캐릭터의 생김새가 비교적 복잡한 만큼 색 사용을 최소화해 한눈에 잘 보이도록 제작했습니다.

제안 시 이모티콘 설명

워킹맘들을 위한 30대~40대 타깃의 이모티콘입니다. 일을 다니는 엄마들을 위해 가족과 사회생활 동료들에게 보내는 사용성 높은 메시지들로 구성했습니다.

다양한 이모티콘의 유형

이모티콘을 기획하기 앞서 출시된 다양한 이모티콘의 유형을 살펴본 후 구상한 아이디어를 풀어내는 데 적합한 이모티콘 유형을 생각합니다.

1.
이모티콘
유형

멈춰있는 이모티콘

한 컷으로 보이는 이모티콘이기 때문에 무엇보다 한눈에 어떤 이모티콘인지 파악할 수 있는 게 중요합니다. 다채로운 표정, 메시지 문구, 동작, 효과, 선을 사용해 어떤 감정을 나타내는지, 어떤 상황을 나타내는지 직관적으로 보여주는 것이 중요합니다. 한 장면으로 캐릭터의 성격 및 특성을 표현하기 어려워 캐릭터형 이모티콘보다는 특정한 콘셉트의 개성과 매력이 잘 드러난 콘셉트형 이모티콘이 많은 유형입니다.

이모티콘 제작을 처음 시작하는 분이라면 구체적인 기획 연습부터 시작해 멈춰있는 이모티콘으로 제안하는 것을 추천합니다. 멈춰있는 이모티콘은 애니메이션 작업을 거치지 않아 제작 과정이 간단하고 작업 기간이 짧습니다. 시리즈의 경우 1탄은 멈춰있는 이모티콘, 2탄은 움직이는 이모티콘으로 출시되기도 합니다.

움직이는 이모티콘

움직이는 이모티콘은 캐릭터가 움직이는 동작으로 메시지를 전하는 이모티콘입니다. 움직임의 특징으로도 이모티콘의 콘셉트를 만들 수 있습니다. 지나치게 느린 속도, 빠른 속도, 말랑말랑한 움직임 등으로 캐릭터 성격을 표현할 수 있어 특징을 부각할 수 있습니다. 또한, 표정과 몸동작을 풍부하게 연출할 수 있어 감정을 명확하게 전달할 수 있습니다.

인기 이모티콘 순위를 살펴보면 움직이는 이모티콘을 선호하는 사용자가 많아 경쟁력 있는 이모티콘이 될 수 있습니다. 단점은 하나의 이모티콘을 완성하기 위해 여러 컷을 제작해야 하기 때문에 멈춰있는 이모티콘보다 작업 기간이 다소 걸립니다. 움직이는 이모티콘을 처음 제작할 때는 난도가 높아 어려울 수 있지만, 지속적으로 연습하면 자신만의 규칙적인 애니메이션 패턴이 생겨 실력을 키울 수 있습니다.

큰 이모티콘

카카오 이모티콘 스튜디오에서 제공하는 이모티콘 유형입니다. 기존 이모티콘의 사이즈보다 가로, 세로로 더 큰 화면 안에서 움직이는 이모티콘입니다. 큰 이모티콘으로 더욱 다양하게 감정을 표현하고 대화의 재미를 더할 수 있어 색다른 이모티콘을 만들 수 있습니다.

▲ 서콩-해피 뉴 이어! 왕 귀여운 해달이들!, HC-기린은 기린, 박짓장-더 커진 멍무이 멍멍!

하지만 멈춰있는 이모티콘, 움직이는 이모티콘보다 가격이 높고 개수가 적어 사용자의 구매도가 낮을 수 있어 차별화된 기획과 완성도가 필요합니다. 캐릭터를 단순히 크게 키워서 작업하는 것이 아닌 큰 이모티콘 형식에서만 담을 수 있는 구성이 필요합니다. 예를 들어 캐릭터가 움직이는 범위를 확장하거나 한 이모티콘에 여러 캐릭터가 같이 나오는 등 넓은 화면에 맞춘 기획이 필요합니다.

소리 나는 이모티콘

▲ 김나무-오페라 가수식 대화 Ver. 2, 에비츄-에비츄 사랑해듀끄야?, 쥐방울 ⓒhansigan-쥐방울은 방울방울해

카카오 이모티콘 스튜디오에서 제공하는 이모티콘 유형입니다. 더욱 다양하게 감정과 상황을 표현할 수 있도록 소리를 넣은 이모티콘입니다. 움직이는 이모티콘에 소리를 넣어 실감나는 재미 요소를 더할 수 있습니다. 소리 나는 이모티콘을 선호하지 않는 사용자들도 있어 호불호가 갈릴 수 있습니다. 그래픽과 같이 높은 퀄리티의 음향이 요구되기 때문에 주로 스튜디오에서 전문 성우와 함께 작업합니다. 분위기에 따라 어떤 캐릭터들이 어울릴지, 분위기 특성과 장단점을 파악해 효과적으로 표현하려는 노력이 필요합니다.

2.
분위기

재밌는

10대~20대의 친구 사이에서 많이 사용하는 이모티콘으로 장난스러운 문구, 표정, 동작으로 재미있는 이모티콘을 만들 수 있습니다. 재치 있고 차별화된 메시지 기획이 필요합니다. 장난형 스타일이라면 낙서장에 대충 그린 듯한 느낌으로 제작하여 친근함과 웃음을 유발할 수 있습니다.

귀여운

전 연령대에게 사랑받는 분위기로 꾸준히 인기 있는 스타일입니다. 귀여운 캐릭터에 애교 섞인 메시지로 매력을 어필합니다. 귀여운 스타일이라면 누가 봐도 귀여움과 호감을 느끼도록 수준 높은 표현력이 요구됩니다.

감성적인

30대~40대에게 인기 많은 스타일입니다. 응원하는 메시지, 공손하고 착한 메시지로 구성됩니다. 손 그림 형태의 그림 스타일로 따뜻하고 감성적인 이모티콘을 만들 수 있습니다.

스타일을 연구하며 어떻게 해야 할지 감이 잡히지 않으면 좋아하는 작품을 모작하는 것이 도움됩니다. 나중에 자신의 이모티콘을 만들 때 응용하며 자신의 방식대로 그릴 수 있습니다. 그대로 베끼는 것은 안 되지만 자기 것으로 재해석하기 위해 고민하고 연구하는 과정을 거쳐야 대중적인 작품으로 이어질 수 있습니다.

3.
그림 스타일

깔끔

▲ 슈야-행복한 슈크림 토끼 슈야 3, 애소-옴팡지게 뽀짝해 옴팡이, 소콘소콘-삐욕이 화났삐욕

선의 굵기가 일정한 스타일입니다. 귀여운 캐릭터 이모티콘에 가장 많이 사용하는 스타일로 깔끔하고 명확하게 보이는 것이 장점입니다.

낙서

▲ lamda-놀라운 곰 띠용이, 이걸누가사-작은 회색 고양이, 임임-꾸불꾸불 미어캣

울퉁불퉁한 깨진 듯한 스타일입니다. 대충 그린 느낌으로 어수룩한 친근함을 줄 수 있습니다. B급 감성의 재미있는 이모티콘에 많이 사용합니다. 10대~20대에게 인기가 많은 스타일입니다.

손 그림

▲ 우아이-이러케 기여울슈가? 뽀슈!, HA-우리집 꼬앵스, 빵이-질투 많은 우리 멍멍이

색연필, 물감 등으로 그린 듯한 브러시로 제작한 스타일입니다. 부드럽고 감성적인 느낌을 줄 수 있습니다. 손 그림 스타일은 거칠고 아날로그적인 감성이 묻어나 따뜻한 느낌을 표현할 수 있습니다. 이모티콘만의 색다른 분위기로 다른 이모티콘과 차별화된 이미지를 갖게 됩니다.

사실적

▲ DK-헬로 고릴라 2, 사랑그리기-행복은 가까이에.. 반려견의 사랑메세지, quan-진짜 곰이 나타났다

사실적인 묘사로 제작한 캐릭터 스타일입니다. 주로 동물 캐릭터가 많으며 단순한 형태의 캐릭터가 많은 이모티콘 속에서 차별성을 가지게 합니다.

로토스코핑

4.
작업 유형

▲ 단발 신사 숙녀-능구렁이 출신 독사같은 사람, Gihoon-만찢남 강냉이를 털어라, 철새-늬에시의 노답일상

사람의 움직임을 카메라로 찍어 한 프레임씩 외형선을 옮겨 그리는 기법입니다. 동작이 크게 들어가는 7등신 캐릭터의 이모티콘에 많이 사용하는 작업 유형입니다. 사실적이고 자연스러운 움직임을 연출할 수 있습니다. 높은 난도의 작업 방식이지만 대부분의 로토스코핑 이모티콘은 신규 출시 이후 높은 인기로 이어지는 경향이 있습니다.

복붙티콘

▲ 범고래-말하는 답장, 빵실-느낌적인 느낌, Little Bitty-아무고토 없어

복사, 붙여 넣기 이모티콘으로 24종 혹은 32종의 이모티콘을 캐릭터 동작을 같거나 살짝만 변형하고 문구를 바꿔 제작하는 이모티콘입니다. 한때 획기적인 기획으로 선풍적인 인기를 끈 작업 유형이지만 출시가 점점 줄어드는 추세입니다. 같은 그림이 반복되면 생길 수 있는 지루함을 뛰어넘는 기발한 기획력이 필요한 작업 유형입니다.

3D

▲ 점프냥이 ⓒ SK 텔레콤—뭘 봐? 빨리 놀아줘~! 점프냥이, 꼬마—꿍꿍이의 러브러브

포토샵, 일러스트레이터와 같은 2D 프로그램이 아닌 3D 맥스, Cinema 4D 등 3D 프로그램으로 제작한 이모티콘입니다. 작업 난도가 매우 높아 많이 등장하는 작업 유형은 아니지만 기존 이모티콘과 차별화된 이모티콘을 제작할 수 있습니다. 이모티콘은 캐릭터 상품으로 이어질 수 있습니다.

사진

▲ 바드 킴—꽃케이크 러브티콘, 푸름이맘—비오는 창가에서, 설리네어—행복한 하루~ 맘모티콘

그림이 아닌 사진으로 제작한 이모티콘입니다. 주로 반려동물, 꽃, 풍경 등 감성적인 사진이 담긴 이모티콘이 많습니다. 사진에 글자를 추가해 멈춰있는 이모티콘으로 제작하거나 동영상을 편집해 움직이는 이모티콘으로도 만들 수 있습니다.

참고 사이트

아이디어를 구상하고 이미지를 제작할 때 참고하면 도움이 될 사이트를 정리했습니다. 유용한 사이트를 구분해서 저장해 놓고 다양한 정보들을 활용해 필요한 순간 사용합니다.

1.
이모티팡

▲ https://creator.emotipang.com

이모티콘 작가를 위한 이모티콘 통계 플랫폼입니다. 간편한 회원가입으로 카카오톡, OGQ 마켓, 라인 3종류의 이모티콘 플랫폼에서 서비스 중인 이모티콘의 일별 판매 수치와 여러 플랫폼의 인기 이모티콘을 한눈에 확인할 수 있습니다. 이모티콘 순위를 살펴보는 것은 단순히 다른 작가의 이모티콘이 잘 팔리는지를 확인하는 것이 아니라 사용자가 어떤 성격의 이모티콘을 많이 사용하는지, 멈춰있는 이모티콘과 움직이는 이모티콘 중 어떤 것을 많이 사용하는지 등 이모티콘의 트렌드 흐름을 살펴볼 수 있습니다.

또한, 다양한 이모티콘에 관한 정보와 포트폴리오 관리, 홍보 영상 제작 등 다양한 서비스가 부분적 유료 서비스로 제공되고 있습니다.

2.
눈누

눈누　　추천폰트　모든폰트　소개　새소식　이벤트

☐ 포장지　☐ 임베딩　☐ BI/CI　☐ OFL　　　　　　　☑ 고딕　☑ 명조　☑ 손글씨

모든 폰트에 적용	레코체	Gmarket Sans B
	레시피코리아	G마켓
문구를 입력해보세요.	레시피코리아에서 만든 제목용 폰트	G마켓에서 만든 폰트인데 진짜 괜찮음

잘난체	카페24 고운밤	카페24 아네모네
위드이노베이션	카페24	카페24
쓰면 쓸수록 매력만점 잘난체	반짝반짝 작은 별이 빛나는 밤	새해에는 돈 많이 모아야지

▲ https://noonnu.cc

이모티콘에 글씨체를 사용하기 위해서는 무료로 설치가 가능하더라도 수익을 내는 상업적 이용을 금지하는 글씨체도 많기 때문에 상업적으로 이용 가능한지 저작권 가이드를 살펴봐야 합니다. '눈누'는 상업적 이용이 가능한 무료 글씨체들을 모아 놓은 사이트입니다.

각양각색의 글씨체 중 원하는 글씨체가 사용하기 쉽게 나열되어 있습니다. 프로젝트 눈누 칸에 테스트 문구를 입력하면 모든 서체에 문구가 자동으로 적용되어 사용할 모습을 미리 확인할 수 있습니다.

글씨체의 종류도 함께 선택할 수 있습니다. 고딕, 명조, 손글씨를 선택하면 해당 글씨체만 살펴볼 수 있어 원하는 스타일의 글씨체를 빠르고 편리하게 찾을 수 있습니다. 추천 폰트 기능도 제공하고 있어 수많은 글씨체 중 어떤 글씨체를 사용해야 할지 모르겠을 때 활용하여 많이 사용되는 글씨체를 손쉽게 선택할 수 있습니다.

눈누 사이트에 올라왔지만 간혹 사용 범위에 따라 출처를 밝혀야 하는 글씨체도 있기 때문에 마지막으로 사용하기 전 눈누에서 제공하는 글씨체 사이트에서 가이드를 확인하는 것이 좋습니다.

3.
핀터레스트

▲ https://www.pinterest.co.kr

다양한 자료 수집은 대단히 중요한 부분입니다. 표현 방법, 캐릭터 성격, 그림 스타일, 사물의 형태 표현 등 이모티콘 제작에 큰 밑바탕이 됩니다. 대표적인 자료 수집 사이트인 핀터레스트는 키워드를 검색하면 다양한 이미지가 나열됩니다. 하나의 이미지를 선택하면 선택한 이미지와 비슷한 스타일의 이미지가 추가로 생성되어 이모티콘을 작업할 때 다양한 참고 자료들을 살펴볼 수 있습니다. 원하는 정보만 골라서 받아 볼 수 있는 큐레이션(Curation)이 특징으로 아이디어를 얻을 수 있습니다. 마음에 드는 이미지를 Pin으로 저장할 수 있어 효율적인 디자인 참고 사이트입니다.

4.
pixabay

▲ https://pixabay.com/ko

상업적 무료 이미지를 제공하는 해외 사이트입니다. 영어로 키워드를 검색하면 상업적으로 사용 가능한 다양한 이미지들을 무료로 다운로드할 수 있습니다. 인물의 표정이나 사실적인 표현을 참고하거나 사진으로 구성된 이모티콘을 제작할 때 사용할 수 있습니다.

5.
Iloveimg

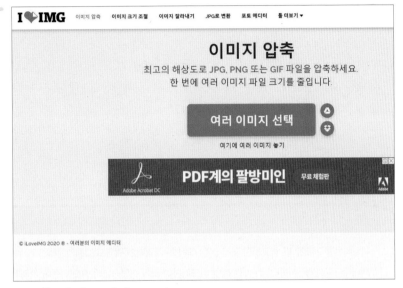

▲ https://www.iloveimg.com/ko/compress-image

이미지의 크기를 압축해 주는 사이트입니다. 이모티콘 플랫폼별로 제안 사이트에 업로드하는 이미지의 제한 용량이 있습니다. 이미지의 용량이 초과된다면 이미지 압축 사이트를 이용해 용량을 줄일 수 있습니다. I love img는 여러 이미지를 한 번에 압축할 수 있어 여러 프레임으로 구성된 이모티콘 이미지를 압축하는 데 편리합니다.

이모티콘을 기획할 때 참고하면 좋은 꿀팁 대방출! 캐릭터가 귀엽고 그림의 완성도가 높아도 기획이 제대로 되지 않은 이모티콘은 매력적인 이모티콘이 되기 어렵습니다. 이모티콘이 가져야 할 필수 요소들을 알아보고 이모티콘 환경에 최적화된 기획을 합니다. 아이디어를 현실화하여 나만의 특별한 콘셉트로 만들 수 있습니다.

PART
02

emoticon

이모티콘

기획하기

CHAPTER
01 | 아이디어 발전시키기

이모티콘 제작의 첫 단추입니다. 작은 아이디어에서 시작해 나만의 콘셉트로 발전시킵니다.

STEP 01 | **경험에서 아이디어 찾기**

이모티콘은 일상을 공유하는 대화에서 주로 사용하는 만큼 경험과 밀접한 연관이 있습니다. 일상 속 경험에서 아이디어를 찾아보세요.

아이디어는 아무것도 없는 백지상태에서 번뜩이며 떠오르는 것이 아니라 차곡차곡 쌓인 경험 안에서 나온다고 생각합니다. 특히 이모티콘은 일상생활에서 사용하는 것이기 때문에 아이디어가 작가의 일상과 경험에서 떠오르는 경우가 많습니다. 주변을 관찰하고 여러 경험을 하는 것이 도움됩니다. 주변에 당연한 것들을 색다른 시각으로 바라볼 때 아이디어는 떠오르게 됩니다. 취미, 운동, 직장, 모임 등 모든 주변 환경이 아이디어의 좋은 재료가 될 수 있습니다. 억지로 소재를 찾고 구상하는 것보다 평상시 관심 있었던 부분, 좋아하는 것들을 생각합니다.

아이디어가 잘 떠오르지 않을 때는 자신의 카톡 대화방을 참고합니다. 내가 어떤 사람들과 이모티콘을 사용해서 많이 대화하는지, 어떤 감정과 상황을 이모티콘으로 자주 사용하는지 등 내가 많이 사용하는 이모티콘, 좋아하는 이모티콘에 대해 생각합니다. 가벼운 마음으로 자유롭게 구상합니다.

'흔한 딸래미'는 평소 부모님과 대화하는 카톡 대화방에서 아이디어를 떠올렸습니다. 거의 매일같이 하는 대화에서 자주 사용하는 메시지로 이모티콘을 만들면 좋겠다는 마음에 만든 이모티콘입니다. 밖에 나와 있을 때, 배고플 때, 부탁할 때, 귀찮을 때 등 실제로 많이 사용한 문구와 말투로 메시지를 구성했습니다. 경험에서 나온 소재는 현실감을 높이고 친숙함을 이끌어낼 수 있는 장점이 있습니다. 나의 경험에서 나온 이야기가 누군가에게 커다란 공감으로 다가올 수 있습니다.

경험에서 재미있는 아이디어를 생각할 수 있지만, 그것을 알아채지 못하거나 그 아이디어를 금방 잊어버릴 수 있습니다. 아이디어를 떠올렸었던 사실 조차도 포함해 잊을 수 있습니다.

평상시 아이디어나 경험한 것들을 메모하는 습관을 가지는 것이 좋습니다. 구체적이지 않고 아이디어가 좋지 않다고 생각되어도 아이디어가 떠오르면 일단 적고, 나중에 모아 둔 아이디어에서 좋은 것을 골라 쓰거나 결합해 새로운 아이디어를 생각할 수 있습니다. 많은 아이디어를 모을수록 깊이 있는 생각을 할 수 있습니다. 당장 이모티콘으로 나오지는 않아도 언젠가 사용할 수 있으므로 정리하는 습관을 가지면 콘셉트를 구상하는 데 큰 도움이 됩니다.

주변 인물, 반려동물 관찰하기

주변 사람들을 참고해 구상할 수도 있습니다. '흔한 딸래미'가 저의 이야기였다면 '흔한칭긔'는 제 친구들의 모습을 담았습니다. 어디서든 앞머리에 롤을 달고 다니는 친구의 모습, 약속 시간에 늦는 친구의 모습, 일 때문에 힘들어하는 모습 등을 참고했습니다.

친구가 아니더라도 함께 생활하는 반려동물을 이모티콘으로 만드는 것도 좋습니다. 동물 이모티콘의 경우 현실감 있고 재미있는 동작을 연출할 수 있습니다. 예를 들어 고양이와 함께 지낸다면 고양이가 자주 하는 행동인 꾹꾹이, 상자에 들어가기, 식빵처럼 앉아있기, 고장나기 등 재미있는 행동을 참고할 수 있겠죠? 반려동물과 함께 지내는 사람들은 반려동물과 비슷한 캐릭터의 이모티콘을 자신의 반려동물을 대입해 가족 혹은 친구와 사용하는 경우도 많습니다. 이런 현실감 넘치는 동작은 고양이와 함께 지내는 다른 사람들에게도 공감을 자아내고 '우리 집 고양이 같다!'라는 느낌을 주어 구매력을 높일 수도 있습니다.

트렌드 적용하기

이모티콘의 목적은 감정을 표현하는 수단이지만 이모티콘을 활발히 사용하는 요즘, 하나의 재미 수단으로 사용하기도 합니다. 재미있는 콘셉트의 기획이 어려우면 SNS의 유머 짤, 트렌드 짤들을 참고하는 것도 도움됩니다.

SNS를 하지 않아도 유행하는 재미있는 짤이나 사진을 확인할 수 있습니다. 첫 번째는 카카오톡 앱입니다. 하단에 있는 (#) 탭의 FUN, 인기웹 카테고리에서는 여러 사이트에서 인기 있는 글들을 모아 볼 수 있습니다. 두 번째는 다음 카페 앱에서 인기 있는 글들을 카페 가입 없이도 살펴볼 수 있습니다. 특히 다음 카페는 댓글에서 카카오 이모티콘을 사용할 수 있어 카페에서는 어떤 이모티콘을 많이 사용하는지, 유머 글에는 어떤 이모티콘을 많이 사용하는지도 함께 살펴볼 수 있습니다. 재미있는 사진은 저장해 아이디어를 구상할 때 모아 봅니다. 인물 사진일 경우 그대로 사용하기보다 자신만의 스타일로 응용해 재미있는 문구, 동작으로 재탄생하기 바랍니다.

'우리 집 서열왕 두철이'는 인터넷에서 '말티즈는 참지않긔'라는 문구와 이를 드러내고 화를 내는 말티즈 짤을 보고 영감을 받아 제작한 이모티콘입니다. 하나의 문구, 하나의 이미지에 영감을 받아 캐릭터를 만들거나 이모티콘의 콘셉트를 정한 후 생각을 확장해 이어지는 메시지를 구상할 수 있습니다.

트렌드를 적용할 때 한 가지 주의할 점이 있습니다. 카카오 이모티콘의 경우 이모티콘의 승인부터 출시까지 일반적으로 3~6개월의 시간이 소요됩니다. 유행은 빠르게 변화하기 때문에 빠른 기획과 작업이 필요합니다.

낙서하며 생각 키우기

제 이모티콘 중 '근본 없는 노랭이'는 친구와 함께 포스트잇에 낙서를 하다 친구가 '이것도 이모티콘으로 만들어 줘'라는 말에 만들었던 이모티콘입니다. 노란색 포스트잇에 그린 곰 캐릭터를 그대로 노란색의 곰으로 만들고 삐뚤빼뚤한 선 느낌을 그대로 그려 엉성해 보이지만 매력이 느껴지도록 제작했습니다. 이처럼 낙서하다가 의도 치 않게 마음에 드는 캐릭터를 만들 수도 있습니다.

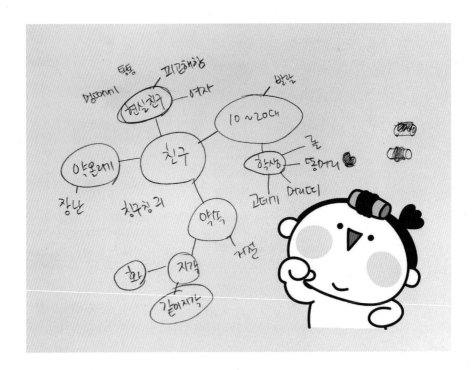

마인드맵으로 키워드를 통해 아이디어를 구체화할 수도 있습니다. 마인드맵이란 생 각의 지도라는 뜻으로 먼저, 대략적으로 이모티콘으로 그리고 싶은 주제를 생각합니 다. 캐릭터 소재가 될 수도 있고 누가 사용할지 타깃이 될 수도 있습니다. 큰 주제를 정했으면 중앙에 크게 주제를 적고 주제와 관련된 떠오르는 생각을 마구잡이로 적습 니다. 가능한 많이 적으며 꼬리에 꼬리를 물고 생각의 범위를 넓혀 갑니다. 머릿속에 서만 생각하는 것보다 이렇게 손을 움직이며 생각을 종이 위에 적으면 적은 아이디어 들이 새로운 아이디어를 자극해 좀 더 재미있는 아이디어가 떠오를 수 있습니다. 글 자도 좋고 그림도 좋습니다. 중요한 점은 유연하고 자유롭게 생각하는 것입니다.

여러 아이디어를 도출했으면 이제 여러분이 적은 아이디어 중 이모티콘에 적합한 아 이디어를 고릅니다.

1.
대화로 많이 사용하는 아이디어인가요?

재미있는 아이디어일지라도 정작 카카오톡 혹은 다른 플랫폼 대화에서 많이 다루지 않는 내용이면 제외하는 게 좋습니다. 실제 대화에서 사용하는 내용인지 실용성을 생각하며 아이디어를 구상합니다.

2.
이미 이모티콘으로 많이 만들어져 있지는 않나요?

같은 소재의 이모티콘이 너무 많이 나와 있으면 사용자의 구매를 유발하기 어려울 수 있습니다. 새로운 소재를 연구하기 어려우면 나만의 콘셉트를 추가해 기존 이모티콘보다 차별성 있는 접근이 필요합니다.

3.
이야기 확장 가능성이 있나요?

카카오 이모티콘의 경우 움직이는 이모티콘은 24종, 멈춰있는 이모티콘은 32종이 한 세트로 이루어져 있습니다. 하나의 주제 안에서 여러 메시지를 뽑는 것은 어떻게 보면 어려운 일일 수 있습니다. 다양한 메시지가 떠오르지 않아 전체적인 콘셉트와 어울리지 않는 메시지들이 추가될 수도 있습니다. 하나의 주제로 통일성 있게 제작하기 위해서는 아이디어를 구상할 때 다양한 메시지로 만들 수 있는지도 함께 생각하는 것이 좋습니다.

4.
아이디어 선택하기

수많은 아이디어 중 한 가지를 선택할 때는 객관적인 시선이 필요합니다. 직접 생각한 아이디어를 객관적으로 판단하려면 어떻게 해야 할까요? 가장 좋은 방법은 가족이나 친구 등 다른 사람에게 보여 주면서 조언을 구하는 것입니다. 회사에서 여러 팀원들이 회의하며 상품을 만들어 가는 것처럼 객관적인 판단을 위해 의견을 구하는 것도 좋은 방법입니다. 특히 이모티콘을 많이 사용하는 지인에게 보여 주며 조언을 구합니다. '이런 이모티콘이 나오면 어떨 것 같아?' 하고 말입니다. 자신의 이모티콘을 사용할 사용자의 의견을 구하는 마음으로 지적을 받기도 하며 수정 작업을 거치면 미처 생각하지 못했던 부분을 많이 발견할 수 있습니다.

여기저기 흩뿌려져 있는 아이디어 중 하나씩 제외할 것들을 지운 후 몇 가지로 추렸으면 최종적으로 내가 자주 사용할 것 같은 이모티콘 아이디어로 결정합니다. 누군가 많이 사용하겠지? 하며 내가 잘 모르는 주제, 내가 잘 사용하지 않을 것 같은 주제는 메시지를 구성하기가 어렵습니다. 내가 잘 알고 나에게 가까운 주제가 나만이 할 수 있는 이모티콘으로 만들 수 있습니다. 내 생활 반경 안에 있는 주제, 내가 좋아하는 주제부터 시작합니다.

CHAPTER 02 | 이모티콘 기획 알아가기

이모티콘이 사용되는 환경을 먼저 이해하고 특성을 바탕으로 기획에 어떤 점들을 적용해야 하는지 알아봅니다.

STEP 01 모바일 이모티콘의 특성

이모티콘을 처음 제작할 때 간과하기 쉬운 부분은 작업 환경에서 보이는 이모티콘만 생각하는 것입니다. 이모티콘과 일반적인 캐릭터 일러스트레이션의 가장 큰 차이점은 보이는 환경입니다. 사용자 입장에서 이모티콘이 주로 사용되는 모바일 환경에 맞춘 고려가 필요합니다.

1. 작은 화면 크기

사용자에게 이모티콘이 보이는 화면 영역의 크기는 매우 작기 때문에 이모티콘은 핸드폰 안에서 작은 크기로 보입니다. 크게 확대된 작업 화면에서 완벽한 디자인도 실제 핸드폰에서 테스트하면 작업할 때는 보이지 않았던 문제가 발견되는 경우가 많습니다. 이모티콘이 보이는 메시지 영역을 최대한 고려해서 제작해야 합니다. 작은 화면 안에서 이모티콘이 잘 보일 수 있도록 확인합니다.

이모티콘이 실제로 보이는 느낌을 확인하는 가장 좋은 방법은 이모티콘이 보이는 화면을 캡처해 제작하고 있는 이모티콘을 합성 후 다시 핸드폰에서 확인하는 방법입니다. 조금 번거로운 방법이지만, 이모티콘이 어떻게 보일지 감이 잡히지 않을 때 확실하게 확인할 수 있습니다. 카카오톡 이모티콘 경우 승인 후에 채팅창에 사용하여 이모티콘 모습을 확인할 수 있는 사이트를 제공받습니다.

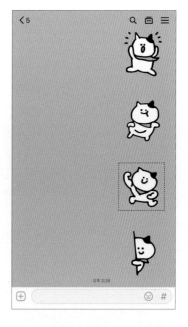

2.
배경 화면의
변화

▲ 채팅창 배경에 따라 다르게 보이는 이모티콘

카카오톡과 라인 메신저의 경우 이모티콘을 사용하는 채팅창의 배경을 사용자의 취향에 맞게 다양한 색상이나 일러스트 배경 화면으로 변경할 수 있습니다. 이 점을 고려해서 작업 화면인 흰색 배경 화면에서만 잘 보이는 이모티콘이 아닌 여러 색의 배경에도 묻히지 않는 이모티콘을 만듭니다. 모든 배경 화면을 캡처할 수는 없지만 몇 개의 배경 화면을 캡처해서 불러온 후 비교하며 작업하는 것을 권장합니다.

이모티콘 기획 체크리스트

여러 이모티콘을 작업하며 느낀 기획 체크리스트입니다. 반드시 지켜야 할 절대적인 원칙은 아니지만 자신의 이모티콘이 어떤 점이 부족한지 확인하고 싶은 분들에게 도움이 되도록 정리했습니다. 이모티콘 기획에 필요한 체크리스트를 지금부터 하나씩 살펴봅니다.

1.
직관성

직관성은 부연 설명을 하지 않아도 의미하는 바를 바로 이해할 수 있는 것입니다. 이모티콘은 기본적으로 메시지를 전달하는 소통의 목적입니다. 단순히 예쁘고 귀여운 '그림'이 아닌 어떤 상황에 쓰여야 할지 바로 알아차릴 수 있는 형태로 제작해야 합니다. 사용자가 이모티콘을 보는 순간 어떤 상황에서 쓸 수 있을지, 어떤 내용을 전달하는 지가 명확하게 떠오를 수 있도록 제작합니다.

명확한 메시지 전달하기

빠르게 지나가는 채팅 속에서 감정을 표현하는 이모티콘의 특성에 맞추어 어떤 의미를 담고 있는지 바로 알 수 있도록 직관적으로 보여야 합니다. 이모티콘은 두 명 이상의 사람이 대화를 할 때 사용하는 매체입니다. 이때 두 사람이 하나의 이모티콘을 다르게 해석하면 원활한 커뮤니케이션이 어려워집니다. 사용자마다 이모티콘의 해석이 달라지지 않기 위해 해석이 모호한 이모티콘보다 감정을 직접적으로 표현할 수 있도록 작업하는 것이 좋습니다. 이모티콘에서 메시지 이해를 돕기 위한 목적으로 글자가 함께 쓰이기도 하지만, 글자가 없더라도 사용자들이 알기 쉽고 보기 편하도록 많은 고민이 필요합니다.

움직이는 이모티콘의 경우 준비 단계와 동작 단계가 나누어져 있는 움직임이라면 메시지가 담긴 동작 단계가 비중 있게 작업 되었는지 살펴봐야 합니다. 메시지 전달을 돕는 부수적인 준비 단계의 비중이 많으면, 사용자가 이모티콘이 어떤 메시지를 의미하는지 인식하는 데 시간이 걸리게 됩니다. 반복되는 움직임 중 핵심적인 메시지를 담은 마지막 프레임의 시간을 늘리는 것도 직관성을 높이는 방법 중 하나입니다.

├─── 준비 단계 ───┤├─── 동작 단계 ───┤

▲ 움직이는 이모티콘의 단계

다양한 동작 표현하기

이모티콘에서 캐릭터 얼굴의 표정뿐만 아니라 몸의 동작으로도 메시지를 전달할 수 있습니다. 메시지에 따라 감정이 바로 전달될 수 있도록 몸동작을 과장되게 표현하는 것이 중요합니다. 비슷한 동작에 문구로만 메시지를 전달하는 것보다 감정에 맞는 몸 동작을 함께 하면 메시지를 효과적으로 전달할 수 있습니다. 서 있는 동작, 앉아 있는 동작, 상반신 동작 등 구성이 다양해지면 다채로워 보일 수 있습니다.

▲ 동작으로 표현되는 다양한 감정

다양한 동작을 연습하는 방법은 스케치 단계에서 캐릭터의 세세한 부분까지 그리기 보다 비율이 같은 기본형 캐릭터로 동작을 먼저 그리고 캐릭터를 대입하는 것입니다. 캐릭터 형태를 신경 쓰며 그리다 보면 항상 그리던 각도, 기본자세만 그릴 수 있기 때 문에 몸동작을 다양하게 구상하는 것이 어렵습니다. 완성된 캐릭터의 형태로 동작을 연습하는 것보다 몸의 형태가 선으로 된 스틱맨처럼 단순화된 형태로 동작을 구상하 는 것이 다양한 동작을 생각할 수 있는 효과적인 방법입니다.

만화적 효과 표현 활용하기

▲ 다양하게 표현되는 만화적 효과

상황과 감정을 표현하는 상징적인 표현 기법들이 있습니다. 이런 효과 표현들을 활용하면 이모티콘에서 표현하려는 상황이나 캐릭터의 감정 등 이해를 쉽게 도울 수 있습니다.
만화적 효과는 이모티콘의 메시지를 전달하는 데 큰 원동력이 됩니다. 전하려는 메시지를 위해 적절한 연출 방법을 찾는 것이 중요합니다.

즐거운 감정은 음표, 화가 나는 감정은 번개, 연기 등의 효과를 사용하는 것도 감정을 표현하는 데 좋은 방법입니다. 움직임의 방향에 따라 동작 선을 넣으면 움직임이 보다 활동적으로 느껴질 수 있습니다. 만화적 효과를 적절하게 사용하면 감정을 돋보이게 도와줍니다.

조심해야 할 점은 지나친 효과 사용은 복잡해 보일 수 있어 캐릭터를 보완하는 선에서 사용합니다. 캐릭터 자체에 꾸밈 요소가 많이 들어가 있다면 복잡한 효과선은 자제하는 것이 좋습니다.

즐거움

놀람

화남

우울

집중

동작

2.
시인성

시인성이란 눈에 쉽게 띄는 것을 의미합니다. 작은 모바일 화면에서 보이는 이모티콘 특성에 맞춰 사용자의 눈에 쉽게 인식되어야 합니다. 눈을 작게 실눈을 뜨고 이모티콘을 바라봅니다. 이모티콘이 어떻게 하면 눈에 잘 띄고 잘 읽히는지 알아보겠습니다.

캐릭터 단순화하기

이모티콘에 사용하는 캐릭터는 최소한의 꾸밈 요소로 복잡성을 줄이는 것이 좋습니다. 중요하지 않은 요소에 시선을 분산하지 않아야 합니다. 작은 화면 공간 안에서 시각적으로 구별되고 명확하게 보일 수 있도록 이유 있는 장식 요소를 제외하고 불필요한 장식 요소는 덜어냅니다. 지나치게 크거나 화려한 소품, 디테일한 요소들은 명확한 메시지 전달을 방해합니다. 메시지를 전달하는 목적에 초점을 맞춰 형태를 단순화하면 여러 장식이 들어갔을 때보다 메시지를 효과적으로 전달할 수 있습니다. 단순히 캐릭터를 예쁘고 귀여워 보이게 하는 목적이 아닌 메시지 전달을 돕는 소품으로 활용하면 풍성하게 만들 수 있습니다.

또한 단순화가 가지는 보편성은 많은 사람들로 하여금 공감대를 형성할 수 있습니다. 단순화된 형상을 보면 사용자는 자기 자신을 이모티콘에 대입하여 사용하기 쉽습니다. 구체적인 이미지일수록 메시지 자체를 완전히 받아들이지 못합니다. 수많은 이모티콘 형태 중 기본형 스타일이 인기가 많은 이유라 할 수 있습니다.

글자의 가독성 체크하기

이모티콘에서 글자는 캐릭터와 함께 메시지를 전달하는 요소입니다. 글자는 사용자가 메시지를 파악하는 데 매우 중요한 역할을 합니다. 글자가 잘 읽히지 않으면 이모티콘의 해석이 모호해질 수 있습니다. 특히 이모티콘은 핸드폰의 작은 화면에서 보이기 때문에 글자가 잘 읽히는지 가독성을 염두에 두고 작업합니다.

글자 크기 또한 고려합니다. 글자가 길게 들어가는 경우 글자 크기가 작아질 수 있기 때문에 글자가 많은 이모티콘이 콘셉트가 아니라면 8자 이내로 메시지를 전달하는 것을 권장합니다. 글자의 두께 또한 가독성에 영향을 미칩니다. 글자의 두께와 크기를 작게 봤을 때도 잘 읽히는지 체크합니다. 글자 크기를 어느 정도로 정해야 하는지 잘 모르겠다면, 인기 순위의 이모티콘 중 글자 크기가 잘 읽히는 이모티콘을 캡처하여 비교하는 방법도 좋은 방법입니다.

공간 활용하기

이모티콘의 규격은 플랫폼에 따라 다르지만 정사각형 혹은 가로가 살짝 긴 직사각형의 형태입니다. 이모티콘 규격에 맞추어 여백을 활용하는 것이 작은 화면 안에서 최대한 잘 보이게 구성하는 방법입니다.

스케치 단계에서 사각형 틀을 그리고 이모티콘의 구도를 잡는 것이 좋습니다. 계획 없는 스케치는 작업 능률을 떨어지게 만듭니다. 구도를 어떻게 잡을 것인지를 확정하고 제작을 시작하는 것이 좋습니다. 또한 캐릭터와 부수적인 요소가 겹치게 되면 시인성이 떨어집니다. 다음은 여백을 활용하면서 공간을 활용하는 체크리스트입니다. 이모티콘에 잘 적용되었는지 확인합니다.

좌우 혹은 상하 여백이 너무 많이 남지 않나요?

글자, 소품 활용하기

겹치는 부분이 많아 형태가 뭉그러져 보이지 않나요?

글자와 캐릭터가 너무 가까이 있지 않나요?

3.
통일성

이모티콘은 24개 혹은 32개의 여러 종류가 한 세트로 이루어진 작업물입니다. 모아 봤을 때 각각의 이모티콘이 통일성 있어야 완성도가 높아 보입니다. 통일성을 지켜야 할 부분은 캐릭터 생김새, 비율, 테두리 굵기, 색, 부피감 등이 있습니다. 이모티콘은 섬세하고 그냥 지나칠 수 있는 부분에서 균형을 이루거나 혹은 균형이 무너집니다. 작은 요소들이 이모티콘의 전체적인 품질을 좌우합니다. 본격적인 작업을 시작하기에 앞서 통일성을 주어야 할 요소들을 어떻게 연출할 것인지 가이드라인을 확정하고 시작하는 것이 시행착오를 줄이는 방법입니다.

스케치를 할 때 기준이 되는 이모티콘을 먼저 만든 다음 복사하고 붙여 넣어 동작에 따라 수정하면서 작업을 하면, 들쑥날쑥한 형태가 아닌 통일감 있는 형태로 제작됩니다. 통일감 있는 이모티콘은 규칙적인 특징이 생겨 작품만의 개성과 매력으로 이어집니다.

이모티콘 제작 후 전체적으로 한눈에 보며 통일감을 확인합니다. 카카오 이모티콘 스튜디오에서 이모티콘 제안의 [시안 등록] 탭을 활용하는 것을 추천합니다. 제작한 이모티콘을 실제 사용하는 이모티콘 크기로 전체적인 구성과 움직임을 확인할 수 있습니다.

이모티콘 시안(필수)

이미지 형식 : 움직이는 시안(GIF 3종), 멈춰있는 시안(PNG 21종)　　이미지 개수 : 총 24종 필수　　이미지 사이즈 : 360x360(px)

제작 가이드를 참고하여 업로드 해 주세요.　[제작 가이드 >]

| 1 | 2 | 3 | 4 | 5 | 6 |

| 7 | 8 | 9 | 10 | 11 | 12 |

| 13 | 14 | 15 | 16 | 17 | 18 |

| 19 | 20 | 21 | 22 | 23 | 24 |

4.
실용성

아무리 개성 있고 귀여운 형태라도 메시지의 실용성이 떨어져 소통 도구로 기능을 하지 못하면, 사용자의 입장에서 매력적인 이모티콘이 되기 어렵습니다. 메시지를 구상할 때 실제 대화에서 잘 사용하는 메시지인지 생각하며 구상하는 것이 좋습니다. 규격 개수인 24개, 32개 메시지 이상의 여러 메시지를 생각하고 그중 실용성 높은 문구들을 추려 제작합니다.

비슷한 메시지가 중복하는 경우도 실용성이 떨어진다고 할 수 있습니다. 메시지로 자주 사용하는 감정은 감정의 단계에서 구분을 주거나 같은 감정을 의도적으로 반복하는 콘셉트가 아니라면, 중복하는 메시지는 과감히 다른 메시지로 교체해 다양하게 구성하는 것이 좋습니다.

5.
대중성과 차별성

대중성이란 일반 대중이 친숙하게 느끼며 동감할 수 있는 성질을 의미합니다. 카카오톡과 밴드처럼 이모티콘 출시의 벽이 높은 경우 각 플랫폼에서 판매하려는 이모티콘의 스타일이 갖춰져 있을 수 있습니다. 플랫폼별로 상품으로써 높은 판매가 예상되는 수요 높은 스타일을 판매하는 것이라 생각합니다.

이모티콘은 개인 SNS에 업로드하는 일러스트가 아닌 상업적으로 팔리는 상품이기 때문에 다분히 상업적인 디자인을 만들어야 하는 역할이 있습니다. 자신이 그리던 스타일을 지키는 것도 좋지만 원하는 플랫폼에 입점을 하기 위해서는 사용자들이 선호하고 사용하는 스타일을 무시할 수는 없습니다. 그림으로써의 퀄리티가 높을지라도 사용자들이 선호하지 않는 그림은 상품성이 떨어집니다. 대중성이 떨어지는 이모티콘은 승인으로 이어지더라도 인기 순위가 좋지 않은 경우가 많습니다. 제안하는 플랫폼 안에서 어떤 이모티콘이 승인되어 출시가 되는지, 어떤 이모티콘이 많이 팔리는지를 파악하는 것이 중요합니다. 인기 이모티콘을 살펴보면 어떤 이모티콘이 선호되고 있는지 알 수 있습니다.

대중성과 함께 차별성 또한 지속적으로 연구해야 할 사항입니다. 대중성에 치우친 이모티콘은 다른 이모티콘에 묻히기 쉽고 차별성에 치우친 이모티콘은 사용자에 따라 호불호가 갈릴 수 있습니다. 대중성과 차별성의 균형을 잡기란 어려운 일입니다. 이모티콘을 판매하려는 플랫폼에 대한 시장 조사로 연구하며 접근한다면 멋지게 균형을 잡을 수 있을 것입니다.

차별화된 콘셉트에 중점을 두고 싶으면 카카오 이모티콘샵의 '이거 어때? 이모티콘 실험실!'을 살펴보는 것이 좋습니다. 출시되는 이모티콘 중 실험적이고 차별화된 이모티콘을 선정해 모아 놓은 곳입니다.

대중성과 함께 윤리적인 부분도 확인하는 것이 좋습니다. 아래 내용은 카카오 이모티콘 스튜디오에서 제공하는 윤리 가이드입니다.

- 범죄, 폭력, 성적 표현 등 미풍양속에 반하는 콘텐츠
- 흡연 연상 및 흡연을 조장하는 콘텐츠
- 반사회적인 내용이 담긴 콘텐츠
- 사회적인 물의를 일으킬 소지가 있는 콘텐츠
- 사람, 사물, 동물 등을 비하하거나 차별하는 내용이 담긴 콘텐츠
- 심한 욕설 및 폭언 등이 담긴 콘텐츠
- 특정 국적이나 종교, 문화, 집단에 대한 공격으로 해석되거나 불쾌감을 유발할 소지가 있는 콘텐츠
- 특정 종교를 표현하거나 이를 주제로 한 콘텐츠

콘셉트 정하기

이모티콘은 기획에 따라 크게 콘셉트형과 캐릭터형으로 나눌 수 있습니다. 내가 잘하는 것이 무엇인지 먼저 생각합니다. 아이디어가 기발한 사람이라면 콘셉트에 중점을 두고 그림을 그리는 것에 자신 있는 사람이라면 캐릭터에 중점을 둡니다.

1. 캐릭터형 이모티콘

캐릭터형은 귀여운 외모의 캐릭터로 어필하는 이모티콘입니다. 명확한 콘셉트가 담긴 메시지보다 안녕, 뭐해?, 고마워, 축하해 등 일상 대화에 많이 사용하는 메시지로 이루어집니다.

수많은 귀여운 이모티콘이 출시되었고 인기를 끌고 있기 때문에 캐릭터형 이모티콘은 호불호가 갈리지 않는 매력적인 외형과 자연스러운 애니메이션이 필요합니다. 기존 캐릭터형 이모티콘들에 뒤지지 않는 높은 퀄리티와 함께 차별성이 요구됩니다. 캐릭터형은 캐릭터의 팬층이 생길 수 있어 시리즈 이모티콘으로 나오는 경우가 많으며 더 나아가 인형, 스티커와 같은 캐릭터 굿즈 사업으로 이어질 수 있습니다.

캐릭터형 이모티콘을 제작할 때 주의할 점은 너무 자세한 캐릭터 설정을 이모티콘에 표현하지 않는 것입니다. 이모티콘은 시각적으로 바로바로 인식되는 것이 중요합니다. 이는 캐릭터 디자인뿐만 아니라 콘셉트 기획에서도 해당합니다. 웹툰, 애니메이션의 경우는 오랜 시간 동안 사용자와의 긴 호흡으로 캐릭터의 이야기를 전달하며 캐릭터가 어떤 성격이고 어떤 스토리가 담겨 있는지를 전달합니다. 하지만 이모티콘의 경우는 오랫동안 보이는 것이 아닌 대화 중간중간에 나타나 사용자와의 호흡이 짧은 편입니다. 사용자에게 보이는 24종 혹은 32종의 모습으로 캐릭터의 구체적인 스토리를 사용자에게 전달하기는 불가능합니다.

예를 들어 우주에서 친구를 찾아 지구로 온 외계인 캐릭터가 설정이라 했을 때 외계인의 형태, 친구를 찾아왔다는 콘셉트로 설정했다고 가정을 하겠습니다. 외계에서 오고 마음에 상처를 입은 표식 등 캐릭터에 표현해야 할 부분이 많아집니다. 캐릭터에 대한 배경을 상세히 설정하면 그 스토리를 설명하기 위해 부가적인 요소들이 그려집니다. 이렇게 되면 이모티콘 기획 요소인 단순함을 유지하기 어렵고 캐릭터 설정을 위한 부가적인 요소가 많이 표현되면 자세한 설정을 모르는 사용자에게 공감이 아닌 혼란을 줄 수 있습니다.

캐릭터형 이모티콘에서 확립되어야 할 콘셉트는 캐릭터가 어디에서 왔고 무엇을 좋아하는지와 같은 캐릭터의 내면 이야기가 아닌 캐릭터를 이용해서 메시지를 어떻게 연출할 것인지를 중점에 둡니다. 메시지를 구성하는 데 도움이 되는 캐릭터의 성격, 말투, 행동 포인트와 같이 외면에서 드러나는 요소로, 메시지 전달에 재미와 차별성을 주기 위해 기획하고 메시지 구성에 좀 더 중점을 두며 작업합니다. 사용자가 이모티콘을 보고 직접적으로 느낄 수 있는 설정이 필요합니다. 이모티콘에서 더 나아가 캐릭터 사업을 위해 상세한 캐릭터 스토리가 필요하면 이모티콘에서 설명하는 것이 아닌 인스타툰, 캐릭터 영상처럼 SNS와 같은 홍보수단에서 캐릭터의 세부적인 설정을 다루면 팬층을 확보하는 데 도움이 될 것입니다.

캐릭터형 이모티콘에 콘셉트를 부여할 때 또 하나 주의할 점은 캐릭터 소재와 콘셉트의 연관성입니다. 소재가 갖고 있는 특성을 이용해 그에 어울리는 콘셉트를 정하는 것이 좋습니다. 전혀 관련 없는 콘셉트를 부여하는 경우 이질감을 불러올 수 있습니다. 예를 들어 캐릭터 소재를 꽃으로 설정한 후 친구를 약 올리는 콘셉트로 메시지를 구상하면 어떨까요? 연관성이 느껴지나요? 따뜻하고 공손한 표현을 사용하는 메시지 구성이 더 어울릴 것입니다. 캐릭터 소재를 어떠한 특성으로 사용하는지 콘셉트에 드러내는 것이 캐릭터의 매력과 콘셉트를 효과적으로 전달할 수 있는 방법입니다.

▲ 쭈바–몽글몽글 잔망스런 하양토끼 하루, 머루–골목대장 머루는 매일이 즐거워, 백삼이–꼼질꼼질 떡토끼

2. 콘셉트형 이모티콘

콘셉트형 이모티콘은 하나의 주제를 가지고 그 주제에 대한 메시지로 구성된 이모티콘입니다. 캐릭터형 이모티콘과 달리 캐릭터가 어떤 성격이고 어떤 형태로 이루어져 있는지 보다는 이모티콘으로 어떤 메시지를 전달할지 이모티콘의 전체적인 메시지 콘셉트에 중점을 둡니다.

콘셉트형 이모티콘은 주로 10대~20대에게 인기 있는 형태로 한 가지의 강한 콘셉트로 이루어진 이모티콘입니다. 이모티콘은 단순히 그림 실력이 아닌 개성과 남다른 콘셉트로도 인기를 끌 수 있는 매력적인 분야입니다. 콘셉트에 비중을 두어 그림의 퀄리티가 낮더라도 재미로 다가올 수 있어 기발한 아이디어가 있으면 초보자들도 쉽게 접근할 수 있는 방식입니다. 그림의 퀄리티에 자신이 없으면 남들과는 다른 뻔하지 않은 콘셉트에 초점을 두는 것이 좋습니다.

그러면 콘셉트를 어떻게 정리해야 할까요? 먼저 이모티콘으로 무엇을 이야기할 것인지에 대한 정의가 필요합니다. 전달하고자 하는 메시지를 하나로 압축할 수 있어야 합니다. 콘셉트는 광고 카피와 같이 단순하고 명확해야 합니다. 그래야 보는 사용자들이 쉽게 이해하고 자신의 관심과 동일한 키워드를 선택합니다. 우선 명사로 콘셉트의 키워드를 정리하는 것부터 시작합니다. 콘셉트가 가진 본질을 정리하는 것입니다.

콘셉트가 어느 정도 정해졌으면 이미 비슷한 콘셉트의 이모티콘이 출시되었는지 살펴봐야 합니다. 같은 콘셉트의 이모티콘이 출시되어 있어서 제안하면 안 되는 것은 아니지만, 직접적으로 경쟁하는 이모티콘이 될 수 있기 때문에 같은 콘셉트의 이모티콘과 비교해 나의 이모티콘의 강점이 무엇인지, 차별점이 어떤 것이 있는지 판단하는 것이 좋습니다. 경쟁 이모티콘의 키워드를 나열하는 것도 좋은 방법입니다. 자신의 키워드와 비교하며 차별점을 찾아봅니다. 이러한 과정을 통해 더 발전된 이모티콘을 만들 수 있습니다.

▲ 씨엠제이-현대인은 집에 가고 싶다, 세이지-자고 있는 친구 깨우기, 김나무-퇴준생티콘 2탄

명확한 타깃 설정하기

이모티콘의 소재와 분위기를 결정했으면 어떤 사용자를 공략할지를 정합니다. 예를 들어 커플들이 사용할 이모 티콘인지, 직장인이 사용할 이모티콘인지, 학생들이 사용할 이모티콘인지를 고려하는 것입니다.

캐릭터형 이모티콘의 경우 타깃을 정하지 않고 모든 사람들이 좋아할 만한 이모티콘을 기획할 수도 있습니다. 하지만 사용자에 따라 이모티콘의 취향과 사용 메시지가 다르기 때문에 모든 사람들에게 매력을 어필하기란 굉장히 어려운 일입니다. 타깃을 정하는 것은 단순히 구매 사용자를 한정하는 것이 아니라 타깃에 따라 어떤 이모티콘을 만들어야 할지 기획의 길잡이 역할을 합니다.

이모티콘을 기획하는 단계에서 내가 제작한 이모티콘을 누가 사용할지를 파악하고 특정 타깃에 대한 조사가 이루어지는 것이 이상적입니다. 자료 조사는 아이디어에 현실 감을 더합니다. 타깃에 대한 정보가 부족한 경우 여러 메시지를 구성할 때에도 어려움이 따릅니다.

특정 사용자층에서 공감성을 이끌어내 폭발적인 인기를 얻을 수도 있습니다. 하지만 지나치게 세밀한 타깃은 구매를 한정할 수도 있으니 주의합니다. 타깃층이 대화를 통해 이모티콘을 많이 사용하는지에 대한 조사도 필요합니다. 단순히 타깃층을 설명하는 이모티콘이 아닌 실질적으로 그들이 대화하면서 이모티콘을 많이 사용할지를 연구해서 작업합니다.

카카오톡 오픈 채팅방을 활용하는 것도 좋은 방법입니다. 직업/취미 등 키워드를 검색하면 다양한 오픈 채팅방이 표시됩니다. 채팅방의 수나 인원을 파악해 대화가 많이 이루어지는지를 확인하거나 직접 채팅방에 들어가 많이 사용하는 말들을 파악할 수 있습니다. 이 과정을 거침으로써 이모티콘의 재미와 활용도를 높일 수 있습니다.

타깃을 설정했으면 그들이 자주 사용하는 용어, 말들을 조사합니다. 카카오톡 오픈 채팅방, 카페 등을 활용해서 자주 사용하는 말들을 수집할 수 있습니다. 예를 들어 수영에 관한 이모티콘이라 할 때는 수영 키워드를 검색하면 다양한 모임, 그룹을 쉽게 찾을 수 있습니다. 실생활에서 자주 사용하는 말, 이모티콘을 사용하는 플랫폼에서 자주 사용하는 말들을 수집 후 격한 공감을 일으키는 메시지들로 구성할 수 있습니다.

커플

▲ 실버벨-뽀시래기 쟈근콩 (여친ver.), 엔댄-사랑에 빠진 토끼, 승승-울 여보 뿐이야!

가족

▲ 소콘소콘-흔한딸래미, 엄마딸-엄마~ 딸 걱정하지 마, 소콘소콘-울 엄마의 사회생활!

회사원

▲ ⓒ워니프레임-머스트잇! 사회생활 필수콘, 즐거운인생-화가많은 거북목사원 거부기씨, 써노-핵병아리의 사회생활 리액션

직업

▲ 쓰리오프-간호사입니다, ⓒcmaker-쌤의 쌤에 의한 쌤을 위한 쌤티콘, 오목조목 정오목-회원님 하체 할 시간이에요~

학생

▲ 유랑-과제하다 미친 미대생, 메밀/몽구-이과티콘 6, 대학내일-취미는 하극상! 뼈 때리는 후배티콘

이모티콘 제목 정하기

이모티콘 제목은 사용자에게 첫인상을 심어 주는 중요한 요소입니다. 좋은 제목을 정하기 위해 살펴봐야 할 점들이 어떤 것이 있는지 알아봅니다.

1.
이모티콘의
콘셉트를
나타내는
이름

캐릭터의 이름과 이모티콘 제목은 사용자들에게 썸네일 이모티콘과 함께 1차로 어필할 수 있는 수단입니다. 단순히 캐릭터의 이름만 나타내는 것이 아닌 이모티콘의 전체적인 성격과 콘셉트가 드러날 수 있도록 정하는 것을 추천합니다. 이모티콘의 내용을 함축적으로 설명하여 주제를 바로 알아챌 수 있는 핵심 문구로 정합니다.

'우리 집 서열왕 두철이'는 제목만으로 건방진 캐릭터 성격이 나타나도록 '개가 상전이다.', '개 팔자가 상팔자다.'라는 메시지를 재미있게 담았습니다. 캐릭터의 이름은 귀여운 얼굴에 촌스럽고 상반되는 '두철'이라는 이름으로 재미를 더했습니다.

이모티콘 제목은 캐릭터의 이름과 함께 특성을 나타내는 것이 일반적이지만, 콘셉트형 이모티콘이라면 캐릭터의 이름 없이 제목을 짓기도 합니다. 캐릭터의 이름이 꼭 필수는 아닙니다.
ex) 울 엄마의 사회생활, 흔한칭긔, 흔한 딸래미

2.
눈에 띄는
재미있는
이름

운율을 통해 리듬감을 살려 쉽게 기억할 수 있도록 정하는 것도 좋은 방법입니다. 글자를 변형해 캐릭터 성격이 드러나도록 할 수도 있습니다. '봉순이는 장난꾸러기'의 이름을 '봉순이는 장난꾸러긔~~~'로 익살스럽고 장난기 많은 콘셉트를 나타냈습니다. 또한 '푸키 진짜 귀여워'가 아닌 '푸키~ 진촤 귀여워' 등 캐릭터의 콘셉트에 맞춰 제목을 연출할 수 있습니다. 자신의 콘셉트가 확실하게 드러나는 제목을 구상합니다.

3.
상표권
확인하기

기존 상표권으로 등록되어 있거나 이모티콘으로 출시된 캐릭터의 이름은 피하는 것이 좋습니다. 사용하려는 캐릭터 이름이 상표권으로 등록되어 법적 보호를 받고 있지는 않은지 확인합니다. 상표권 또는 저작권 분쟁이 일어날 경우 이모티콘 상품의 판매 중지가 일어날 수 있어 반드시 주의합니다. 카카오 이모티콘의 경우 동일한 이름의 이모티콘이 있을 때 사전에 상표권을 확인하고 캐릭터 이름 변경에 대한 내용을 사전에 안내받습니다.

• 상표권 검색 : kipris.or.kr

4.
시리즈
제목 정하기

버전 숫자 붙이기

이모티콘의 성과가 좋아 2탄, 3탄의 시리즈로 나왔을 경우 제목을 정할 때 가장 간단한 방법입니다. 1탄의 이모티콘 제목에 버전 숫자를 붙입니다. 직관적으로 이모티콘 버전의 숫자가 붙어 이모티콘이 시리즈물이라는 것과 몇 탄인지를 사용자가 바로 알 수 있습니다. 2탄의 이모티콘을 처음 발견하고 1탄을 찾아본 다음 함께 구매할 수 있는 장점이 있습니다.

다만, 캐릭터 이름과 함께 콘셉트가 담긴 제목을 동일하게 사용하기 때문에 제목에 담긴 콘셉트를 그대로 이어가 앞 시리즈와 비슷한 구성으로 이어져야 합니다. 시리즈가 많아질수록 동일한 콘셉트에서 메시지를 생각하는 데 한계가 생길 수 있습니다.

라임을 살려 제목 정하기

통일성 있는 구성으로 라임을 살려 시리즈마다 새로운 제목을 정하는 방법입니다. 한 세트별로 콘셉트를 조금씩 다르게 구성할 수 있는 장점이 있습니다.

예를 들어 시리즈 1은 'ㅇㅇ이의 일상 이야기'로 제목을 지어 일상에서 많이 사용하는 대화 메시지를 담았으면 시즌 2에서는 'ㅇㅇ이의 사랑 이야기'로 애정 표현을 담아 커플을 타깃으로 만들 수 있습니다. 같은 캐릭터로 조금씩 다르게 구성할 수 있어 메시지를 다양하게 생각할 수 있습니다. 시리즈별로 콘셉트가 잘 드러나도록 시리즈 이름을 기획합니다. 매번 새로운 제목으로 고민을 해야 하지만 그만큼 개성 있는 이름으로 사용자에게 자신만의 인상을 심을 수 있습니다.

ex) 푸키~ 진좌 귀여워

쵸키~ 작고 소중해

푸키&쵸키~ 귀여움이 두 배

아이디어 정리하기

1. 나를 알기

자신과 연관된 이모티콘은 내가 가장 잘 표현할 수 있는 이모티콘이라 할 수 있습니다. 메시지를 구상할 때 확장 가능성이 넓어지며 차별화된 이미지를 줄 수 있습니다.

① 내 직업, 하는 일

② 성격

③ 취미

④ 좋아하는 동물

⑤ 좋아하는 그림 스타일

⑥ 자주 쓰는 이모티콘

2. 채팅방 살펴보기

자주 사용하는 말을 이모티콘으로 만듭니다. 대화창을 살펴보며 누구와 가장 많이 대화를 하는지, 어떤 말을 하는지, 어떤 기분으로 말을 주고받는지 등을 체크하면서 평상 시 대화에서 자주 사용할 수 있는 활용성이 높은 이모티콘을 구상합니다.

> **1** 누구와 자주 대화하나요? ex) 친구, 가족, 애인 등

> **2** 가장 많이 하는 말은? ex) ㅋㅋㅋ, 뭐해?, 어디야, 뭐 먹지 등

> **3** 채팅방 분위기는 어떤가요? ex) 장난, 공손, 무뚝뚝 등

> **4** 대화방의 관심사는? ex) 먹는 것, 일, 여행 등

3. 마인드맵 그리기

가운데에 메인 키워드를 적고 가지를 이어나가며 생각을 확장합니다.

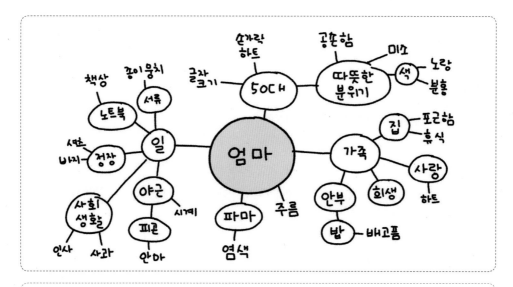

4. 키워드 도출하기

마인드맵을 통해 키워드를 도출합니다. 캐릭터와 소품을 그릴 때 참고할 그래픽 키워드와 메시지를 정할 때 참고할 메시지 키워드를 분리해 적습니다. 키워드를 용도에 맞게 정리하는 과정에서 새로운 키워드가 나올 수도 있습니다.

키워드 추출 예시

1. 그래픽 키워드
파마, 염색, 주름, 손가락 하트, 글자 크기, 따뜻한 분위기, 미소, 노랑, 분홍, 포근함, 하트, 서류, 종이 뭉치, 노트북, 책상, 정장, 셔츠, 바지, 시계

2. 메시지 키워드
가족, 안부, 밥, 배고픔, 희생, 사랑, 공손함, 일, 야근, 피곤, 안마, 사회생활, 인사, 사과

---

5. 타깃 살펴보기

내 이모티콘은 누가 많이 사용할지 생각해 보고 메시지와 그래픽 스타일이 타깃의 특징과 맞게 지정되어 있는지 확인합니다.

> **①** 내 이모티콘은 누가 사용할까? ex) 엄마, 워킹맘

> **②** 타깃의 연령대 ex) 40대~50대

> **③** 타깃의 말투 ex) 따뜻함, 살가운

> **④** 타깃의 특징 ex) 화사한 색 좋아함, 큰 글자 크기, 과장된 몸동작

6. 이모티콘 제목 정하기

콘셉트를 바로 파악할 수 있는 제목을 정합니다. 각 항목을 작성하고 2~3가지 항목을 조합하여 제목을 구상할 수 있습니다.

1 누가 사용하나요?

2 누구에게 사용하나요?

3 어떤 상황에서 사용하나요?

4 분위기는 어떤가요?

5 캐릭터 이름은 무엇인가요?

6 제목 조합하기

머릿속으로 상상하던 캐릭터를 이모티콘 환경에 최적화된 캐릭터로 만들기 위해 고려해야 할 점들을 알아보겠습니다. 기획한 이모티콘 콘셉트에 딱 맞는 나만의 특별한 캐릭터를 설정합니다. 다양한 캐릭터 연출 방법을 통해 다채롭고 풍성한 이모티콘을 만들 수 있습니다.

PART
03

emoticon

캐릭터

설정하기

CHAPTER
01 | 캐릭터 만들기

사용자들은 대개 이모티콘에 자신의 감정을 불어 넣어 메시지를 전달합니다. 여기에서 공감하고 감정을 이입하는 대상은 바로 캐릭터입니다. 이모티콘에서 핵심적인 역할을 하는 캐릭터를 제작하는 과정을 알아봅니다.

STEP 01 | **소재 정하기**

캐릭터 만들기의 첫 번째! 소재를 정하는 작업입니다. 여러분의 이모티콘에 적합한 소재를 찾아봅니다. 캐릭터의 소재는 이모티콘의 아이디어와 메시지가 드러나는 주체적인 재료를 말합니다. 전체적인 이야기를 전개하는 수단을 설정하는 것이므로 이모티콘 콘셉트와 밀접한 연관이 있습니다.

1.
동물

▲ 아리-아리는 출장 리랑은 폴짝, 소콘소콘-우리 집 서열왕 두철이, 컨셉토끼-과몰입 망봉왕! 망상토끼

동물 캐릭터는 사람 캐릭터와 비교해 성별이 드러나지 않기 때문에 구매하는 사용자의 층이 넓습니다. 동물은 기본적으로 귀여운 이미지이기 때문에 귀여움을 어필하려 하지 않아도 보편적으로 나타나는 느낌으로 호감형 캐릭터를 제작하기 쉽습니다. 또한, 동물이 가지고 있는 특성으로 이모티콘 콘셉트와 연결하기 쉬워집니다.
ex) 느린 나무늘보, 까칠한 고양이

동물은 대중적으로 가장 많은 인기를 끌고 있는 이모티콘 소재입니다. 귀여운 콘셉트의 이모티콘부터 장난형 콘셉트에도 폭넓게 사용합니다. 토끼, 고양이, 강아지, 새 등 다양한 종류의 동물들이 매일 새로운 이모티콘으로 출시되고 있습니다. 그만큼 가장 많은 비율을 차지하고 있습니다.

다만, 동일한 소재의 이모티콘이 너무 많이 출시되어 있으면, 사용자의 흥미를 유발하기가 어렵습니다. 단순화된 동물 캐릭터는 비슷한 형태로 만들어지는 경우가 많아 차별성을 주기 위해서는 자신만의 포인트가 되는 특징이나 재미있는 성격, 특별한 콘셉트를 기획하는 것이 좋습니다.

2. 기본 형태

▲ 귀를 기울여봐-사람 소리 모음집, 왈-너 눈을 왜 그렇게 떠, 떼쟁이-오늘도 조르는 떼쟁이

흰색 몸과 검은색 외형선으로 단순하게 그린 형태입니다. 동물과 함께 인기 있는 소재입니다. 특히 10대~20대에게 인기가 많습니다. 외형적 특징이 뚜렷하지 않은 캐릭터로 일상 대화 메시지보다는 확실한 콘셉트를 가진 콘셉트형 이모티콘에 적합합니다. 다만 형태가 단순한 만큼 캐릭터 자체로 다른 이모티콘과 차별성을 주기는 어렵습니다. 눈의 형태, 눈과 입의 비율, 볼 터치 등으로 차이를 주거나 콘셉트를 부각하는 것이 좋습니다.

3. 사람

▲ 소콘소콘-흔한칭기, 봄이-봄이는 노는게 제일 좋아, 봉이봉봉봉-귀여운 공주와 라떼 한잔

귀여운 아기부터 8등신의 다양한 스타일로 제작되는 소재입니다. 일상과 밀착되어 공감대를 이끌어낼 수 있습니다. 사람은 이목구비, 옷, 머리카락 등 표현할 점이 많아 단순화 과정을 주의해야 합니다. 움직이는 이모티콘의 경우 디테일한 특징이 많은 만큼 자연스러운 애니메이션이 요구되는 소재입니다.

4.
텍스트

▲ 양진–글자공감 뉴트로스티커팩, 크림준–임팩트있게 뚫!

캐릭터 없이 글자로만 이루어진 이모티콘입니다. 자칫 허전할 수 있는 소재이지만, 글자에 화려한 모션 효과를 주거나 일러스트와 글자 또는 사진과 글자의 이미지 결합 형으로 풍성하게 구성할 수 있습니다. 폰트를 사용한 그래픽 텍스트 이외에도 캘리그 래피 작업으로 제작할 수도 있습니다. 주로 30대~40대에 인기가 많은 소재입니다.

5.
식물, 사물

▲ 꽁다리–꽃들의 반란! 꽃장티콘, 피동이–시크발랄 완두콩 피동이 등장 !, 몽구–가지가지 어디가지?

식물, 사물로 이모티콘을 만들 수 있습니다. 하지만 대중의 감성을 자극하고 호감을 느끼게 하는 친근함이 느껴지기 힘든 소재이기 때문에 선택한 소재만이 지니는 특성 과 꼭 맞는 확실한 콘셉트, 매력적인 그림 스타일이 필요합니다. 이름을 이용한 말장 난 이모티콘 콘셉트로 활용할 수 있습니다.

다양한 캐릭터의 외형

같은 소재, 같은 형태의 캐릭터이더라도 작은 변화에 따라서 성격, 분위기가 달라집니다. 내 이모티콘을 가장 잘 표현하는 캐릭터 외형을 찾아봅니다.

1.
분위기를
결정하는
몸 비율

2등신

2등신 캐릭터는 실제 비율보다 머리와 얼굴을 키워 강조한 비율입니다. 일반적으로 인체를 짧고 통통하게 그려 귀엽고 사랑스러운 느낌의 이모티콘이나 어린아이, 동물 이모티콘처럼 귀여운 캐릭터의 이모티콘에 적합합니다.

얼굴이 몸보다 더 큰 캐릭터는 귀여운 느낌이 극대화되지만 다양한 동작을 구상하는 데 제약이 생깁니다. 얼굴의 크기가 커져 표정이 잘 드러나는 것이 특징으로 다양한 표정 변화를 이용해 감정 표현을 전달할 수 있습니다.

6등신

6등신은 인체와 비슷한 비율로, 감정을 표현하는 얼굴의 크기가 작아지기 때문에 역동적인 몸동작으로 감정을 표현합니다. 과장된 동작 애니메이션으로 유머러스한 콘셉트의 이모티콘에 많이 사용합니다. 많은 디테일, 섬세한 움직임과 함께 인체의 구조도 어느 정도 파악하고 있어야 해서 2등신의 캐릭터보다 작업의 난도가 어려운 편입니다.

6등신 캐릭터를 사용할 때 추가로 신경 써야 할 부분은 이모티콘의 좌우 여백입니다. 몸 전체가 나오는 구도는 좌우 여백이 많이 남을 수 있어 상반신이 주로 나오는 구도를 사용하거나 좌우 여백을 활용한 역동적인 움직임을 표현하는 것이 좋습니다.

또한, 인체와 비슷한 비율인 만큼 어느 정도 인체에 대한 이해가 필요합니다. 이모티콘에 사용할 동작을 영상으로 촬영해 참고할 수도 있습니다. 영상의 모습을 따라 그린 그림을 이어 붙여서 영상으로 만드는 로토스코핑 작업도 많이 사용합니다.

2. 인상을 결정하는 얼굴 비율

이모티콘을 봤을 때 어떤 부분이 가장 먼저 눈에 띄나요? 바로 캐릭터의 얼굴입니다. 이모티콘 안에서 얼굴의 크기에 상관없이 사람의 시선은 가장 먼저 얼굴에 집중합니다. 또한 캐릭터의 얼굴은 감정을 전달하는 표정을 담기 때문에 글자와 함께 이모티콘에서 메시지를 전달하는 중요한 부분입니다.

눈, 코, 입의 크기 / 코의 유무 / 눈, 코, 입의 거리 등 캐릭터의 얼굴은 아주 작은 변화로도 전혀 다른 인상을 만듭니다. 같은 형태의 눈일지라도 비율, 미세한 형태 변형으로 캐릭터의 성격이 다르게 보이기 때문에 다양한 얼굴을 만들 수 있습니다. 같은 얼굴 형태 안에서 비율에 따라 어떻게 인상이 달라지는지 살펴봅니다.

눈의 위치와 입의 위치가 가까울수록 귀엽고 어려 보이는 인상을 줍니다. 간격이 멀면 차분하고 착한 이미지를 줄 수 있습니다. 또한 입의 크기에 따라서도 캐릭터의 성격을 좌우합니다. 입이 큰 캐릭터는 발랄하고 시끄러운 이미지, 입이 작은 캐릭터는 소심하고 조용한 이미지를 줍니다. 이처럼 앞서 기획한 캐릭터의 성격에 맞춰 얼굴 각 부위의 위치를 조절해 형태를 구상합니다. 코는 표정을 나타내는 부분에서 눈, 입과 비교해 중요도가 낮아 캐릭터 디자인에 따라 생략되어도 괜찮습니다.

3.
동물 캐릭터
만들기

기본형 캐릭터에서 하나씩 특징을 추가하며 사람, 강아지, 고양이, 토끼, 곰 등 다양한 캐릭터를 만듭니다. 각 요소에 조금씩 변화만 주어도 전혀 다른 캐릭터가 만들어집니다. 요소를 너무 많이 그리면 복잡할 수 있으니 단순한 형태를 유지하는 것이 중요합니다. 적은 특징으로 어떻게 표현해야 좋을지를 구상하며 만듭니다.

동물 캐릭터에서 가장 중요한 부분은 귀입니다. 귀의 형태에 따라 동물의 종류를 나타낼 수 있습니다. 토끼는 긴 타원, 고양이는 삼각형, 곰은 반원 등 어떤 동물인지에 따라 귀의 형태를 먼저 선택합니다. 주의할 점은 귀를 지나치게 크게 그리면 전체적인 비율이 맞지 않고 여백이 많이 생깁니다. 이모티콘 캐릭터에서 가장 중요한 부분은 표정이 드러나는 얼굴입니다. 큰 귀가 장식적인 요소로 보여 얼굴이 묻히지 않게끔 어떤 캐릭터를 나타내는지 정도로만 크기를 잡는 것이 좋습니다.

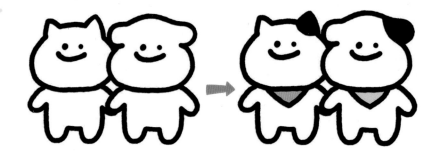

차별화된 캐릭터를 만들고 싶으면 단순한 형태에서 시작해 포인트가 될 수 있는 요소를 추가합니다. 한두 가지의 포인트로도 캐릭터의 정체성이 생깁니다.

캐릭터에서 포인트 요소는 단순히 다른 캐릭터와의 차별성을 위해 사용할 수도 있지만, 이모티콘 콘셉트를 나타내는 데에도 효과적인 요소입니다. 위의 예시는 제 이모티콘 중 '흔한칭긔' 이모티콘 캐릭터입니다. 주변에 한 명쯤 있을 만한 친구 캐릭터가 콘셉트였기 때문에 대충 질끈 묶은 머리와 앞머리 롤을 포인트 요소로 나타내면서 친근감과 현실감을 높였습니다.

캐릭터 설정하기

이모티콘 콘셉트에 따라 가장 잘 어울리는 캐릭터 스타일이 달라집니다. 이모티콘 콘셉트에 맞게 색감뿐만 아니라 선 스타일, 색칠 기법 등 그림 스타일을 다르게 하는 것도 이모티콘 분위기를 연출하는 데 중요한 요인이 됩니다.

1.
외형선 스타일

선이 가진 느낌에 따라 이모티콘의 전체 분위기가 정해집니다. 이모티콘이 전달하고 자 하는 분위기에 맞춰 외형선 스타일을 선택할 수 있습니다. 다양한 선 표현으로 자 신의 이모티콘에 어울리는 선을 발견합니다.

굵기가 일정한 스타일

▲ 소콘소콘-흔한칭긔, 서디-꼬물이의 나른한 날

이모티콘에 가장 많이 사용하는 기본선으로 명확하고 깔끔한 스타일입니다. 작은 크 기에서도 선명하고 또렷하게 보입니다.

굵기 변형 스타일

▲ 소콘소콘-우리 집 서열왕 두철이, 융긍주-동방예이지국

태블릿 펜으로 그리는 압력에 따라 굵기가 달라지는 선 스타일입니다. 원하는 선의 굵기로 그리기 위해서는 힘을 조절하며 그리는 연습이 필요합니다. 굵기가 조화로운 선은 입체감이 느껴집니다.

거친 스타일

▲ ⓒfunppy-세송 집에 있슝!, 아토-아토의 평화로운 하루3

자연스러우면서 거친 느낌의 선 스타일입니다. 색연필로 그린 느낌이 들어 따뜻한 감성을 전달할 수 있습니다. 선의 느낌에 맞게 색 또한 검은색보다는 어두운 회색 또는 갈색과 잘 어울립니다. 울퉁불퉁한 선 스타일이어서 형태가 흔들려도 의도한 것처럼 보여 그리기에 부담이 적습니다. 초보자도 비교적 쉽게 그릴 수 있는 선입니다.

깨진 스타일

▲ 케장-케장콘8, 합쥐-생각보다 쓸데 많은 대충티콘

그림판으로 그린 듯한 깨진 외형선을 의도적으로 연출하는 것도 좋습니다. 깨진 스타일은 주로 허술해 보이며 재미있는 스타일의 대충 만든 콘셉트 이모티콘에 많이 사용합니다.

2.
외형선 두께

위의 예시에서 느낄 수 있듯이 외형선의 굵기에 따라 시각적으로 다른 느낌을 전달합니다. 캐릭터의 스타일, 크기에 따라 어울리는 외형선 두께 또한 각기 다릅니다. 화면 크기에 따라서도 느낌이 달라질 수 있습니다. 작업 화면에서 적당하게 보여도 작게 축소해서 봤을 때 생각보다 얇거나 두꺼우면 시인성이 떨어집니다.

▲ 캐릭터 형태에 따라 달라지는 외형선의 두께

그림체 콘셉트에 따라 달라지겠지만 단순한 캐릭터일수록 외형선이 두꺼운 이모티콘이 많습니다. 선이 너무 얇으면 흐릿하게 보여 시인성이 떨어질 수 있고 두꺼운 선의 경우 수많은 이모티콘 사이에서 눈에 띈다는 장점이 있지만, 캐릭터가 복잡하다면 형태가 명확하게 보이지 않습니다. 캐릭터의 단순함 정도에 따라 외형선의 굵기를 정하는 것이 좋습니다.

처음 이모티콘을 제작하는 분들은 외형선 두께에 대한 감이 잘 잡히지 않을 수 있습니다. 그럴 때는 이미 출시된 이모티콘과 비교하는 방법도 좋은 방법입니다. 내 캐릭터에 어울릴 것 같은 두께의 이모티콘을 찾아 캡처 후 자신의 캐릭터를 비슷한 크기로 조절해 비교하며 외곽선 두께를 설정하는 방법을 추천합니다. 설정 후에는 반드시 작게 축소하여 적당한 두께인지 확인을 해야 합니다.

3.
색

캐릭터의 메인 색을 지정하는 것은 캐릭터의 분위기, 성격을 나타내고 존재감과 정체성을 더욱 부각하는 역할을 합니다. 색에는 상징적인 의미가 존재하는데 이것을 캐릭터 성격과 일치하도록 사용하면 이모티콘의 전체적인 성격을 빨리 파악하는 데 돕는 장치로 사용할 수 있습니다.

캐릭터의 색은 성격과 콘셉트에 맞게 사용하는 것이 중요합니다. 캐릭터를 만들었으면 그다음은 캐릭터만의 색을 찾는 것입니다. 색은 가장 빨리 눈에 띄고 가장 오래 기억에 남는 시각적인 수단으로 콘셉트에 맞는 색 설정은 캐릭터의 정체성을 확립할 수 있습니다. 형태가 같은 캐릭터라고 할지라도 색에 따라서 전혀 다른 느낌으로 표현할 수 있습니다.

이모티콘 제작 전 사용할 색을 먼저 계획하고 이모티콘 전반에 걸쳐 일관적으로 적용해야 합니다. 이모티콘 한 세트 안에서 사용할 색들을 팔레트로 정리하는 것이 좋습니다. 색을 미리 정하고 돌려쓰는 것이 여러 이모티콘을 한 세트로 보일 수 있게 통일감을 형성합니다. 이모티콘은 여러 이모티콘이 한 세트로 구성되어 있어 색의 통일성은 이모티콘 작업에서 주의할 사항입니다.

색 계획은 캐릭터에서 가장 많은 면적에 사용하는 주조색을 결정하는 것부터 시작합니다. 신규 이모티콘과 인기 이모티콘을 살펴보면 주조색으로 가장 많이 보이는 색은 바로 흰색입니다. 흰색의 이모티콘이 왜 많이 사용되고 사용자가 선호하는지 살펴보겠습니다. 카카오톡의 경우 사용자의 취향에 따라 이모티콘을 사용하는 영역인 채팅창의 배경을 설정할 수 있습니다. 기본 하늘색이 아닌 다른 색으로 설정하거나 일러스트, 사진으로도 설정할 수 있습니다. 여러 색상이 들어간 이모티콘은 화려한 배경에 쉽게 묻혀 잘 인식되지 않습니다.

또 다른 이유는 흰색은 가장 기본의 색으로 호불호가 갈리지 않습니다. 색에는 상징적인 의미가 있어 색에 따라 사용자의 호불호가 갈리고 느껴지는 의미가 다릅니다. 하지만 흰색은 가장 무난하면서 대중적이고, 중립의 색상이어서 감정을 이입하기도 쉽습니다. 이모티콘을 꼭 흰색 이모티콘으로 만들어야 하는 것은 아니지만 색을 정하기가 어렵거나 특정한 색이 떠오르지 않을 때는 흰색을 사용하는 것을 추천합니다. 다른 색을 선택하더라도 흰색을 많이 사용하는 이유인 가시성과 색의 의미를 고려해서 적절한 색상을 정합니다. 수많은 흰색 이모티콘 사이에서 상징적인 색을 가진 이모티콘은 단연 눈에 띕니다. 나만의 캐릭터에 가장 적합한 색을 찾습니다.

주조색을 정했으면 강조할 부분에 사용하는 강조색을 선택합니다. 색으로도 이미지의 콘셉트를 표현할 수 있습니다. 강조색은 캐릭터의 분위기, 성격을 나타내는 색으로 선택합니다.

'흔한칭긔'의 경우 10대~20대 여성을 타깃으로 발랄한 느낌을 주기 위해 분홍색과 하늘색을 강조 색상으로 선택하였습니다. 캐릭터의 분위기와 성격에 따라 다른 이모티콘과 겹치지 않는 고유의 색감을 지정하는 것은 정체성을 더욱 부각하는 역할을 합니다. 또한, 여러 이모티콘 캐릭터에 걸쳐 특정한 색을 사용하면 이모티콘을 제작하는 작가만의 스타일이 될 수도 있습니다.

강조색을 선택한 후에 강조색과 어울리는 색으로 보조색을 선택합니다. 보조색을 선택할 때 주의할 점은 너무 많은 색을 사용하지 않는 것입니다. 저는 이모티콘 한 세트에서 8가지 이내의 색을 사용하고 있습니다. 너무 많은 색을 사용할 경우 이모티콘의 인상이 모호하기 때문입니다. 색이 다양할수록 이미지를 파악하는 데 걸리는 시간이 늘어나기 때문에, 한눈에 어떤 감정인지 알아차려야 하는 이모티콘은 특히 색 종류를 제한하는 것이 좋습니다. 부수적인 장식 요소와 함께 색을 최소화하고 제한적인 색상을 사용하는 것이 메시지의 전달력을 높일 수 있습니다. 또한, 색 종류가 많아지면 색을 조화롭게 사용하는 것이 어렵기 때문에 서툰 초보자일수록 적은 색을 사용하는 것이 유리합니다.

이모티콘에서 색을 사용할 때, 또 한 가지 주의할 점이 있습니다. 색의 차이를 분명하게 두어 구분을 명확하게 하는 것이 좋습니다. 특히 색의 밝고 어두움을 나타내는 명도 차이를 확실하게 주면 형태가 뚜렷하고 선명하게 보이는 가시적인 효과가 있습니다. 작은 화면에서 보이는 이모티콘 특성상 보다 뚜렷하게 보이기 위해서는 사용하는 색들이 분명하게 차이 나도록 설정합니다. 그리고 비슷한 색이 몰려 있지는 않은지 확인하며 색을 설정합니다.

카카오 이모티콘의 경우 카카오톡의 기본 배경색인 '#b2c7d9' 색을 배경으로 했을 때 묻히지 않도록 색상 조절이 필요합니다. 사용자의 취향에 따라 배경 색상을 변경할 수도 있지만, 기본 배경인 만큼 많은 사람들은 기본 색상의 배경을 사용합니다. 이모티콘의 색 채우기 작업을 할 때 배경 레이어에 '#b2c7d9' 색을 채우면 효율적으로 작업할 수 있습니다.

핸드폰의 UI를 어둡게 변경하는 기능인 야간 모드와 다크 모드를 설정하면 카카오톡 채팅창 배경도 어두운 색으로 변경됩니다. 이에 따라 어두운 배경색에 캐릭터의 많은 영역이 묻히지 않게끔 조절이 필요합니다. 실제로 카카오톡 승인 이후 상품화 단계에서 다크 모드의 배경색에 묻혀 색 조절 피드백을 받은 경험이 있습니다. 승인 이후에도 약간의 색 조절은 가능하지만 처음 색을 정할 때 이러한 점들을 고려하면 수정을 줄일 수 있습니다.

캐릭터 가이드라인 만들기

완성한 캐릭터의 가이드라인을 만들 차례입니다. 캐릭터의 얼굴을 새로운 화면에 그리면 미세한 변형에도 캐릭터의 인상이 달라집니다. 이를 방지하기 위해 가이드라인을 미리 정하면 캐릭터의 얼굴에 일관성이 생기며 복사하고 붙여 넣는 작업 방식으로 효율성이 높아져 작업 시간을 단축할 수 있습니다.

1.
캐릭터 프로필

캐릭터의 성격, 콘셉트가 잘 드러나는 형태로 제작합니다. 응용하여 메인 이모티콘으로 활용할 수 있습니다. 캐릭터의 표정은 무표정이 아닌 이모티콘에서 자주 사용하는 표정을 모습으로 정하는 것이 작업 효율성을 높입니다. 몸의 형태는 동작마다 다르기 때문에 팔, 다리의 길이, 몸의 비율 정도를 참고하는 용도입니다. 캐릭터의 이름, 성격, 특징도 함께 설정하는 것이 좋습니다. 메시지 구성과 캐릭터 전개에 큰 도움이 됩니다.

푸키 Poocky

성격 · 낙천적이고 자유로움
특징 · 말랑말랑한 움직임
· 단순한 색 사용
· 과장된 움직임으로
메시지 전달

2.
**다양한 각도의
얼굴 형태**

정면뿐만 아니라 동작에 따라 여러 각도로 얼굴을 변형하면 입체적인 캐릭터의 모습을 그릴 수 있습니다. 다양한 각도의 캐릭터를 미리 만들면 캐릭터 외형이 뒤틀어지는 오류를 줄일 수 있습니다. 일관성 있는 캐릭터의 모습은 전체적인 이모티콘의 디테일한 퀄리티를 높일 수 있습니다. 그중 45도 각도는 이모티콘에서 많이 사용하는 각도로 여러 동작에 폭넓게 사용할 수 있습니다. 정방향의 각도보다 볼살과 같은 캐릭터 얼굴의 특징을 잘 나타냅니다.

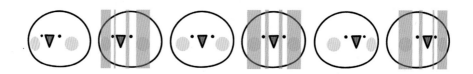

다양한 각도의 얼굴을 그릴 때 가장 중요한 점은 원근감입니다. 고개가 돌아가면서 한쪽 얼굴은 더 많이 보이고 반대쪽 얼굴은 조금 보입니다. 이 점을 유의해서 양쪽 눈의 간격, 볼 터치의 너비 등 가까운 부분은 넓게, 먼 부분은 좁게 형태를 그리면 보다 자연스럽게 보입니다.

3. 턴어라운드

턴어라운드는 캐릭터 몸의 전체적인 비율과 사이즈를 규정하는 것으로 다양한 응용 동작에 기준이 됩니다. 여러 각도에서도 캐릭터 형태를 유지할 수 있어서 이모티콘을 입체적으로 제작하는 데 큰 도움이 됩니다. 캐릭터 턴어라운드의 가장 기본 각도는 정면, 측면, 뒷면이지만 좌우 반 측면은 입체적인 이모티콘에서 많이 사용하는 각도이기 때문에 미리 규정하면 이모티콘에 활용할 수 있습니다.

턴어라운드를 쉽게 그리는 방법은 가이드 선을 활용하는 것입니다. 어떤 각도에서도 크기, 위치를 일정하게 유지해야 합니다. 가로 가이드 선을 그려 눈, 입, 얼굴, 팔, 다리의 위치를 일정하게 그립니다.

캐릭터 가이드는 캐릭터 사업에 있어 필수적인 단계입니다. 이모티콘에서 더 나아가 캐릭터 사업으로 이어질 경우 더욱 상세한 캐릭터 가이드가 담긴 매뉴얼 작업이 필요합니다. 또한, 캐릭터의 저작권을 등록하는 과정에서 캐릭터의 형태가 잘 드러나는 턴어라운드 이미지가 필요합니다. 저작권 등록 예정이라면 미리 작업해 이모티콘에 활용하는 것이 좋습니다.

CHAPTER 02 | 캐릭터 연출하기

제작한 캐릭터를 연출하는 방법을 알아봅니다. 효과적으로 메시지를 전달할 수 있는 표정부터 다채로운 구성을 할 수 있는 요소들을 연출합니다.

STEP 01 | 표정 연출하기

이모티콘에서 표정은 콘셉트에 따라 한 가지의 표정으로 일관된 이모티콘들도 있지만, 일반적인 감정을 표현하는 캐릭터 이모티콘에서 표정은 중요한 역할을 합니다.

미소 짓는 표정, 슬퍼하는 표정, 화내는 표정 등 다채로운 표정을 연출하기 위해서 거울을 보고 원하는 표정을 직접 지어보거나 참고할 수 있는 사진을 검색하는 방법도 좋은 방법입니다.

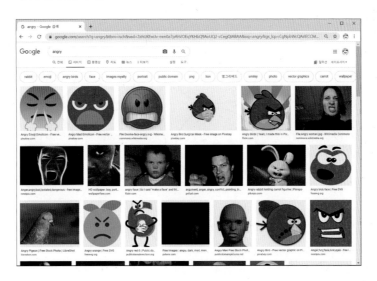

사진을 참고할 때는 주로 구글 사이트를 이용합니다. 구글에서는 영어 단어로 검색했을 때 더 많은 자료를 찾을 수 있습니다. happy, angry, sad와 같은 감정 영어 단어를 검색하면 다양한 사진을 검색할 수 있습니다.

캐릭터 표정을 구상할 때 감정의 단계를 생각하면 다양한 표정을 연출할 수 있습니다. 표현 방식을 하나씩 추가하면서 메시지와 어울리는 표정을 찾습니다.

1.
입 모양
변형하기

2.
눈썹
추가하기

3.
눈 모양
변형하기

4.
효과
추가하기

캐릭터에 색을 많이 표현하지 않았으면 소품들을 활용해 다채로운 색을 사용할 수 있습니다. 그림을 풍성하게
도 만들고 어떤 물건과 같이 있는지에 따라서 다양한 현실감 있는 상황을 연출할 수 있습니다. 상황과 분위기를
고려해 다양한 형태의 소품을 추가합니다.

디테일이 많이 들어가는 소품이라면 이모티콘에서 어떻게 표현할까요? 작은 크기로
들어가는 소품을 캐릭터와 같은 선으로 그리면 오히려 형태가 잘 보이지 않습니다. 최
대한 단순한 형태로 그리고 내부 형태는 선이 아닌 면으로 처리하는 방법도 있습니다.

소품보다는 캐릭터에 시선이 집중되길 원하면 소품의 테두리 색과 캐릭터의 테두리
색을 다르게 하는 방법이 있습니다. '울 엄마의 사회생활' 이모티콘은 캐릭터에 눈,
옷 등 디테일이 비교적 많이 들어간 캐릭터입니다. 복잡한 캐릭터에 소품을 추가하면
형태가 잘 보이지 않을 뿐만 아니라 시선이 분산되면서 메시지가 명확하게 눈에 들어
오지 않을 수 있습니다. 그래서 소품과 캐릭터를 명확하게 구분하도록 소품의 테두리
색을 다르게 하였습니다. 이런 식으로 소품의 다채로운 연출과 함께 캐릭터를 돋보이
게 하는 두 장점을 함께 가져갈 수 있습니다.

글자는 이모티콘에서 메시지를 가장 직관적으로 전달할 수 있는 요소입니다. 캐릭터의 분위기에 따라 어울리는 글자 스타일을 정해 보세요.

1.
분위기별
상업적 이용
무료 폰트
추천

간편하게 폰트를 사용하는 것도 좋습니다. 폰트를 사용하면 작업 시간을 단축하고 가독성은 높이는 장점이 있습니다.

폰트를 선택할 때 주의할 점이 있습니다. 첫 번째는 폰트의 저작권입니다. 유료 폰트를 구매해서 사용하거나 무료 글씨체를 사용합니다. 유료 글씨체를 불법으로 다운로드해 사용하는 것은 저작권 침해에 해당하며 불이익을 당할 수 있습니다. 상업적으로 이용이 가능하더라도 마냥 안심하고 사용할 수는 없습니다. 사용하는 범위에 따라 제재하는 항목이 있거나 출처를 밝히는 조건이 있는 경우가 있어 폰트 사용 전 저작권자가 명시하는 조건을 잘 살펴보고 상업적 용도인 이모티콘 작업에 사용해도 되는지 확인한 후 사용하는 것이 안전합니다. 사용 범위는 변경될 수 있으니 블로그, 웹사이트 등에서 소개하는 글이 아닌 글씨체를 배포하는 사이트에서 직접 확인하는 것이 중요합니다. 컴퓨터에 기본으로 다운로드되어 있는 글씨체도 상업적으로 무료 글씨체는 아니므로 주의합니다.

개인사용자용 무료폰트 사용범위 안내

개인 및 가정내사용을 위한 무료폰트입니다.
개인사용자를 제외한 모든 사업자 및 기업, 단체(영리,비영리단체포함) 기관(영리,비영리,공공기관포함),
법인(영리,비영리포함)학교,학원,커뮤니티등 에서는 무료폰트를 사용할 수 없습니다.
유료 라이선스를 구매한 후 사용하셔야 합니다.
사용 전 원하시는 용도로 사용이 가능한지 문의 후 이용하시기 바랍니다.

1.사용대상 및 사용범위

무료폰트는 가정 및 개인사용자의 PC에만 설치하여여 합니다.
무료폰트의 사용범위는 (개인의 문서 작성 및 소장 자료, 이미지 제작, 인쇄물 제작)용도입니다.
사용범위 내에서만 무료폰트를 사용할 수 있습니다.
개인 및 가정내사용의 경우도 비상업적용도로만 사용 가능합니다.

2.사용제한

홍보 또는 마케팅 등의 모든 (상업적/비상업적)활동은 무료 사용범위에 포함(해당)되지 않습니다.
폰트의 임의 수정 및 변경, APK변환,번들탑재,재배포,재판매등을 금지합니다.

*무료폰트 사용 대상 : 개인 사용자
*무료폰트의 설치 대상: 가정 및 개인사용자의 PC
*무료폰트 사용범위 : 개인의 문서 작성 및 소장 자료, 이미지 제작, 인쇄물, (쇼핑몰 및 홍보 블로그
                          제외)

▲ 개인 이용 범위로 사용 가능한 무료 폰트 '훈 떡볶이체'

폰트 라이선스 안내
_____

▼ 개인 및 기업 사용자에게 무료로 제공됩니다.

▼ 웹디자인, 출판, 웹폰트, CI/BI 제작, 영상 제작 및 자막, 소프트웨어의 번들,
특정 프로그램의 임베드 등에 자유롭게 이용하실 수 있습니다.

▼ 단, 폰트 자체를 유료로 판매하는 행위는 금지합니다.

▼ 카페24 폰트를 사용한 결과물은 카페24의 프로모션을 위해 활용될 수 있습니다.
이를 원치 않는 사용자는 언제든지 당사로 연락 주시기 바랍니다.

▲ 상업적으로 사용 가능한 무료 폰트 '카페24 동동체'

두 번째는 내 이모티콘의 형태에 어울리는 글씨체를 찾는 것입니다. 글씨체의 형태에 따라서 풍기는 분위기도 다릅니다. 이모티콘이 귀여운 콘셉트라면 글씨체 또한 딱딱한 형태가 아닌 둥글둥글하고 귀여운 느낌의 글씨체를 사용하는 것이 좋겠죠? 이모티콘에 사용 가능한 글씨체들을 분위기별로 분류해서 알아봅니다.

귀여움

귀여운 이모티콘에 어울리는 글씨체입니다. 둥글둥글한 형태로 사랑스러운 분위기를 연출합니다.

▲ 고양체, 쿠키런체, 카페24 동동

따뜻함

감성적인 분위기와 어울리는 손글씨체입니다. 가독성이 좋지 않은 글씨체도 있어 손글씨체를 선택할 때는 글자가 잘 읽히는지를 중점적으로 살펴보며 선택합니다.

▲ 고도마음체, 미생체, 카페24 쑥쑥

기본형

고딕체입니다. 깔끔한 느낌으로 가독성이 높은 것이 특징입니다. 개그 이모티콘, 대충 그린 이모티콘에도 많이 사용하며 두루두루 사용하는 글씨체입니다.

▲ 나눔고딕체, 나눔스퀘어, 스포카한산스체

2. 손글씨 쓰기

원하는 글씨체를 찾지 못하면 손글씨로 문구를 적을 수도 있습니다. 손글씨의 장점은 세밀하게 원하는 스타일로 조정할 수 있습니다. 캐릭터에 사용한 브러시로 글자를 그릴 경우 글자의 스타일을 캐릭터 스타일에 맞추어 구성할 수 있습니다. 또한, 원하는 굵기로 세밀한 조정이 가능해 가독성을 높게 조절할 수 있습니다.

감동이야 감동이야

하지만 손글씨의 정돈되지 않은 형태는 가독성과 완성도가 떨어져 보여 깔끔하게 적는 연습이 필요합니다. 혹은 손글씨에 자신이 없으면 무료 글씨체로 먼저 틀을 만들고 그 위에 대고 그리는 방식을 추천합니다. 이 방법은 들쑥날쑥해 보일 수 있는 손글씨의 단점을 보완하며 통일되고 가독성 높은 글씨체의 장점을 가져올 수 있어 많이 사용하는 방법입니다.

서브 캐릭터

서브 캐릭터는 이모티콘 제작에서 필수 사항은 아니지만 캐릭터 성격과 스토리를 보여줄 수 있는 요소입니다. 단순한 형태 때문에 색이 적게 들어간 이모티콘에 서브 캐릭터를 넣으면 색감을 보강할 수 있습니다. 다만, 움직이는 이모티콘 경우 두 캐릭터의 동작을 연출해야 하기 때문에 난도가 높은 편입니다.

한 이모티콘 안에서 두 캐릭터가 나올 때는 비중을 같게 하는 것보다 메인 캐릭터에 비중을 크게 두고 서브 캐릭터는 작게 하는 것이 배치와 색감, 동작을 구상하는 데 쉬운 편입니다. 또한, 대비 효과로 캐릭터 매력을 쉽게 표현할 수 있고 작게 보이는 이모티콘 환경에 적합합니다.

이모티콘에서 메인 캐릭터와 서브 캐릭터가 메시지를 전달하는 방식은 두 가지로 나눌 수 있습니다. 첫 번째 방식은 기본적인 스타일로 두 캐릭터가 하나의 감정을 가지고 함께 이야기하는 방식으로 메시지의 전달력이 높아집니다. 같은 동작으로 재미 요소가 떨어져 보이면 속도 차이를 주거나 서브 캐릭터가 메인 캐릭터의 행동을 보고 따라 하는 것처럼 동작을 취하는 등 두 캐릭터에 성격 차이를 주어 움직임을 연출할 수 있습니다.

두 번째 방식은 두 캐릭터가 대화하는 것처럼 다른 감정을 가지고 메시지를 전달하는 방식입니다. 예측할 수 없는 재밌는 동작을 표현할 수 있습니다. 같은 프레임 안에서 두 캐릭터의 동작을 구상하기 때문에 난도가 높은 편입니다. 이 방식을 너무 많이 사용하면 이모티콘에 자신의 감정을 이입하기보다 한 발짝 떨어져 지켜보는 느낌을 받을 수 있습니다.

서로 다른 장점의 방식이어서 두 방식을 적절히 함께 사용하면 재미있는 이모티콘 구성을 만들 수 있습니다.

▲ 초코송—순딩이 초코의 하루, 샤인해—예의 바른 샤롱이와 소녀, 긍지—사막여우 모래씨의 무난한 하루

실습
노트

캐릭터 그리기

1. 캐릭터 가이드

눈금을 참고해 비율이 달라지는 것을 주의하며 캐릭터의 기본형 모습을 그립니다. 캐릭터의 이름과 성격 및 특징도 함께 정리합니다.

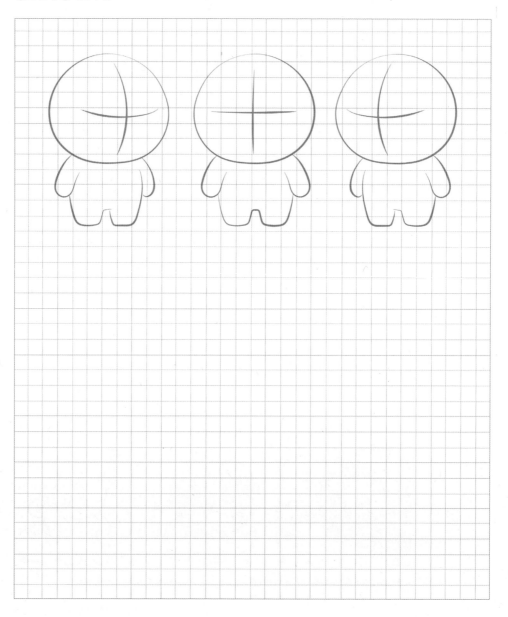

2. 다양한 얼굴 각도

얼굴선을 가이드 삼아 여러 얼굴 모습을 그려 보세요. 캐릭터의 동작에 따라 알맞은 얼굴 각도를 선택할 수 있습니다.

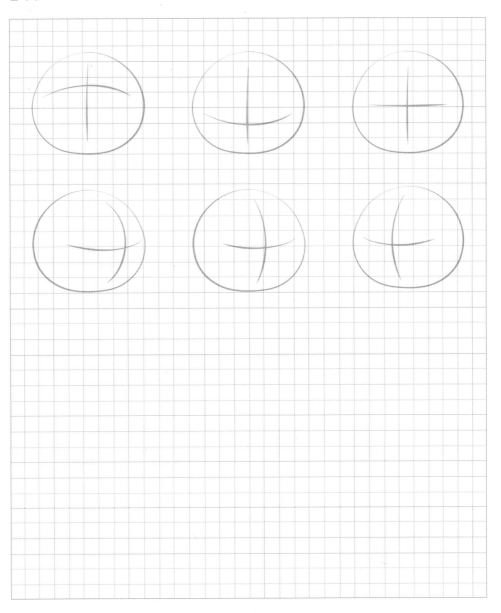

3. 표정

다양한 표정을 그립니다. 자주 사용되는 감정은 여러 단계로 나누어 구상합니다. 거울을 보며 직접 표정을 지어 보거나 이미지 검색을 통해 재미있는 표정을 그려 보세요.

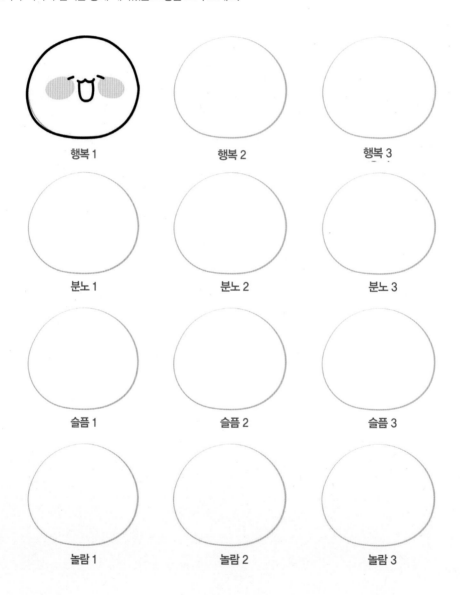

행복 1   행복 2   행복 3

분노 1   분노 2   분노 3

슬픔 1   슬픔 2   슬픔 3

놀람 1   놀람 2   놀람 3

콘티는 완성될 결과물을 예측할 수 있는 설계도입니다. 떠오르는 아이디어들을 정리해 기획한 콘셉트와 캐릭터가 잘 드러나도록 콘티를 만듭니다. 잘 만들어진 콘티는 효율적인 작업의 핵심입니다. 본 작업에서 수정으로 인한 시간 낭비를 최소화할 수 있습니다.

emoticon

콘티

만들기

CHAPTER
01 | 24개의 메시지 생각하기

이모티콘에 들어가는 메시지를 먼저 기획하지 않고 제작하면 후반부에 가서는 규격 개수를 채우기 위해 불필요한 메시지를 넣는 경우가 있습니다. 주제에 맞춰 탄탄하게 어떤 메시지로 구성할 것인지 생각합니다.

STEP 01 | **감정 표현과 상황 표현 생각하기**

이모티콘의 가장 큰 목적은 감정을 정확하고 효과적으로 전달하는 것입니다. 장기 시리즈 이모티콘으로 3탄, 4탄 이상이 나오거나 하나의 메시지를 콘셉트로 잡은 이모티콘이 아니라면 사용자가 많이 사용하는 기본 감정들을 필수로 담는 것이 사용성 높은 이모티콘을 만들 수 있습니다. 감정 표현은 문구가 들어가지 않아도 표정으로 표현할 수 있는 것이 특징입니다.

이모티콘에 사용하는 감정 표현

기쁨, 놀람, 화남, 사랑, 고마움, 창피함, 웃음, 심심, 우울, 공포, 당황, 실망, 짜증, 즐거움, 행복함, 설렘, 불만, 궁금함, 신남, 지루함, 삐짐, 심각, 외로움, 민망, 눈치, 무관심, 힘듦, 절망, 여유, 해탈, 기대, 진지, 귀찮음, 자신감, 뿌듯 등

다양한 종류의 감정에는 단계가 있습니다. 짜증 → 화남 → 폭발의 단계가 있고 미소 → 웃음 → 박장대소의 단계로 감정을 표현할 수 있습니다. 캐릭터가 어떻게 표정을 짓고 있는지, 몸동작의 크기와 효과 표현은 어떠한지와 같은 차이로 상황마다 다른 크기의 감정을 표현할 수 있습니다. 자주 사용하는 감정은 이러한 차이를 주어 다양하게 구성하면 상황에 맞춰 감정의 크기를 선택합니다.

혹은 하나의 감정을 캐릭터의 성격으로 정하거나 이모티콘의 콘셉트로 기획해 여러 종류로 나타낼 수도 있습니다. '삐욕이 화났삐욕' 이모티콘은 화남의 감정을 캐릭터 성격으로 정하며 화를 내는 감정을 단계에 따라 다양한 상황에 사용할 수 있도록 여러 종류로 구성했습니다.

이모티콘에 사용하는 상황 표현

수락, 거절, 장난, 인사, 칭찬, 허세, 부탁, 축하, 응원, 날씨, 지각, 약 올림, 약속, 궁금 등

다양한 메시지에서 사용 범위가 넓은 감정 표현과 달리 상황 표현은 특정 상황에서만 사용할 수 있는 표현입니다. 상황 표현은 이모티콘에 문구가 들어가 상황을 구체적으로 묘사하는 특징이 있습니다. 상황 표현의 이모티콘은 대화 중 굳이 글로 설명하지 않아도 이모티콘만으로 대화를 이어갈 수 있습니다. 대화하며 주로 어떤 상황에 이모티콘을 함께 사용하는지 떠올리며 구상합니다.

콘셉트 메시지 생각하기

많이 사용되는 감정 표현, 상황 표현과 함께 다른 이모티콘과 차별성을 줄 수 있는 메시지를 생각합니다. 앞서
이모티콘 기획에서 콘셉트를 정했다면 정한 콘셉트를 설명하는 메시지로 구성할 수 있습니다.

콘셉트 메시지는 일상 대화에서 자주 사용하는 메시지가 아니더라도 다른 수많은 이
모티콘들 사이에서 차별성을 갖습니다. 다만 콘셉트 메시지가 너무 많아지면 이모티
콘의 전체적인 활용도가 적어질 수 있어 일상 대화 메시지와 적절히 어우러지게 구성
하는 것이 중요합니다.

캐릭터형 이모티콘은 이모티콘 자체의 콘셉트보다 캐릭터의 매력으로 사용자들이 구
매하는 경향이 높습니다. 그래서 캐릭터형 이모티콘에서 콘셉트 메시지는 캐릭터의
성격이 잘 드러나는 메시지, 캐릭터만의 말투를 적용한 메시지를 생각할 수 있습니다.

사납고 자기 멋대로지만 귀여운 외모로 미워할 수 없는 강아지 콘셉트인 '우리 집 서
열왕 두철이' 이모티콘에서는 콘셉트 메시지로 캐릭터의 성격이 잘 드러날 수 있도록
'올 때 맛있는 거', '참지 않기', '문다!!' 등을 콘셉트 메시지로 나타냈습니다. 이모티콘
한 세트를 봤을 때 콘셉트 메시지는 골고루 분포되는 것이 좋습니다. 자주 사용되는
메시지인 사랑 표현, 긍정 등과 적절히 섞어 콘셉트 메시지를 배치합니다.

같은 감정, 상황의 메시지더라도 캐릭터의 말투에 따라 다른 분위기를 전달하고 콘셉트를 확실히 나타낼 수 있습니다. 문구가 들어가지 않은 이모티콘도 캐릭터의 움직임과 동작에 따라서 차별화된 메시지를 만들 수 있습니다. 메시지를 구성할 때 먼저 어떤 감정과 상황을 나타낼 것인지 정하고 이모티콘 콘셉트가 드러날 수 있는 문구 구성을 기획합니다.

'봉순이는 장난꾸러긔~~~'는 장난꾸러기 콘셉트로 친구를 약 올리며 장난치는 이모티콘입니다. '알겠습니다'를 '알게쭙니다~'로, '울어?'를 '우는거야~~~?'로 문구를 구성해 애교 섞인 말투와 말을 길게 늘리는 '~~' 표시로 약 올리는 말투를 나타냈습니다. 어떤 메시지로 구성하는지에 따라 내가 정한 콘셉트가 잘 드러나는지 결정됩니다.

캐릭터 성격 나타내기

캐릭터의 성격을 정한 뒤 메시지 구성을 생각하면 '이 캐릭터라면 이 상황에서 이런 행동을 하겠지?', '이 감정을 많이 표현할 거야!'라며 행동을 예측할 수 있습니다.

캐릭터의 성격은 감정 구성, 생김새, 자세를 결정하는 중요한 요소입니다. 이모티콘 콘셉트에 해당하는 캐릭터 성격을 설정할 수 있습니다. 같은 감정이더라도 캐릭터의 성격에 따라 표현 방법이 달라집니다. 메시지에 캐릭터의 성격이 드러날수록 캐릭터의 매력이 크게 다가올 수 있습니다.

예를 들어 슬픔의 감정을 표현할 때 캐릭터의 성격에 따라서 소심한 캐릭터는 '히잉..', '흑흑' 이런 식으로 말하며 슬퍼할 것이고 발랄한 성격의 캐릭터는 '우아아앙!!', '흐어어엉' 하며 격하게 슬픔을 표현할 수 있습니다. 내가 이 캐릭터의 성격이라면 어떻게 감정을 표현할까? 생각하며 다양하게 메시지의 문구를 구상합니다.

두 이모티콘은 벽 뒤에서 나타나는 같은 동작이지만 캐릭터의 성격에 따라 전혀 다른 느낌을 줍니다. 왼쪽의 '눈치보는 봉구' 이모티콘은 눈치를 보며 천천히 벽 뒤에서 나오지만, 오른쪽의 '봉순이는 장난꾸러기~~~' 이모티콘의 경우 '안뇨옹'이라는 발랄한 인사와 함께 빠른 속도로 움직임을 주었습니다. 이처럼 캐릭터의 성격은 이모티콘에서 움직임과 표정, 문구를 구성하는 데 중요한 역할을 합니다.

대화형으로 구성하기

이모티콘 구성이 잘 떠오르지 않을 때는 이모티콘으로 대화를 한다고 가정한 다음에 나오는 상황을 생각하는 것도 좋은 방법입니다. 대화형으로 메시지가 이어지는 이모티콘은 사용자가 이모티콘 세트를 보며 어떤 상황에서 쓰이는지 바로 파악할 수 있는 장점이 있습니다.

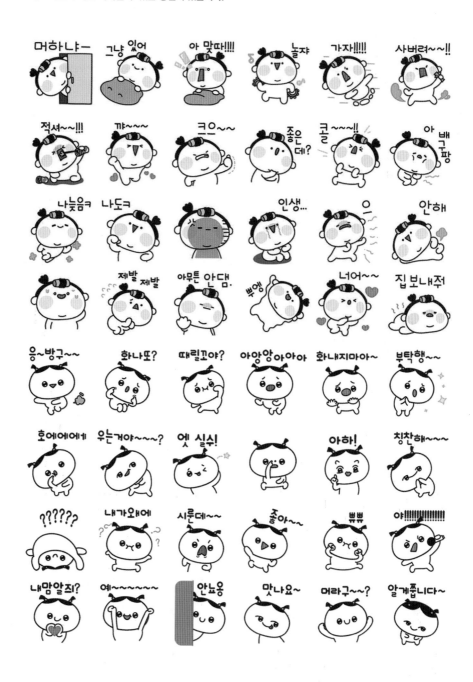

CHAPTER 02 | 스케치하기

포토샵으로 이모티콘을 그리기 전 스케치 작업을 합니다. 다양한 동작을 연출하고 전체적인 구성을 정리할 수 있습니다.

●완성파일 : 04\이모티콘.psd

STEP 01 효율적인 스케치 단계 살펴보기

이모티콘 스케치의 효율적인 단계를 살펴보겠습니다. 아래 단계대로 스케치를 하고 점점 스케치에 익숙해지면 단계를 줄이며 그립니다.

1.
네모 틀
그리기

이모티콘의 규격에 맞춰 틀을 그립니다. 틀을 그리고 스케치를 하면 전체적인 구도와 배치할 요소들의 위치를 여백에 맞추어 설정할 수 있습니다. 캐릭터와 글자, 효과 요소들의 크기도 함께 구상합니다. 네모 틀을 매번 그리기 번거로우면 포토샵으로 나만의 연습 노트를 만들어 프린트해서 사용하는 것도 좋은 방법입니다.

2.
메시지 문구
보여 줄
순서대로
적기

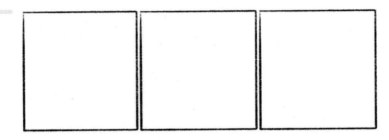

사용자에게 어떤 흐름으로 이모티콘이 보일지 생각하며 순서를 정합니다. 메시지 문구 순서를 먼저 정하는 이유는 이모티콘의 스케치를 미리 정한 순서에 맞춰 그리면서 비슷한 동작, 비슷한 색감을 사용하는 이모티콘을 고르게 분포하기 위함입니다.

3.
**원과 선을
활용해 동작
구성하기**

처음에는 연필 끝을 잡고 연한 선으로 여러 번 그리며 형태를 잡습니다. 겹치는 동작 없이 다양한 동작으로 구성하기 위해 꾸밈 요소를 제외한 기본형으로 스케치합니다. 처음부터 진한 선을 사용해 깔끔하게 그리려고 하면 잘 그려야 한다는 부담감 때문에 머릿속에서 생각한 형태를 그리기 어렵습니다. 어렸을 때 낙서장에 그리던 '졸라맨'을 생각하며 얼굴은 원, 몸은 선으로 뼈대를 잡아 동작을 그립니다.

4.
살 입히기

직선으로 그린 뼈대 위에 원 또는 곡선을 그려 살을 입힙니다. 캐릭터를 기획할 때 정리한 비율을 신경 쓰며 통일감 있게 그립니다.

5.
**십자 선으로
시선 방향
정하기**

십자 선으로 캐릭터의 눈, 코, 입 위치를 잡습니다. 정면, 45도 각도를 적절하게 섞으며 다양하게 구성합니다.

6.
선 다듬으며
디테일
그리기

진한 선을 사용해 정리합니다. 진한 선으로 그린 뒤 지저분하면 지우개로 힘을 빼고 지우며 연한 선들을 정리합니다. 컴퓨터 작업에서 선을 따기 쉽도록 세밀하게 스케치합니다. 스케치가 제대로 되어 있지 않으면 밑그림 단계에서 형태를 다시 구상하는데 시간이 오래 걸리므로 스케치를 완성된 형태로 그리는 것이 좋습니다.

7.
효과선
그리기

여백이 많이 남거나 역동적인 움직임을 원하면 추가로 효과선을 그립니다. 소품이 들어가거나 캐릭터에 장식 요소가 많으면 복잡할 수 있으므로 생략합니다.

종이에 스케치하기

초보자는 펜보다 수정이 쉬운 연필로 스케치하는 것을 추천합니다. 지우개로 쉽게 지울 수 있으니 잘 그려야 한다는 욕심과 긴장을 내려 두고 머릿속에서 생각한 대로 종이 위에 그림을 그립니다. 앞서 제작한 캐릭터 가이드라인을 참고하며 정한 캐릭터 비례를 지키며 그립니다. 얇고 흐릿하게 전체적인 구도를 잡은 뒤에 진한 선으로 그리고 완성합니다.

1.
포퐁~행복해져랏 스케치

2.

**우리집 서열왕
두철이
스케치**

3.

**울 엄마의
사회생활!
스케치**

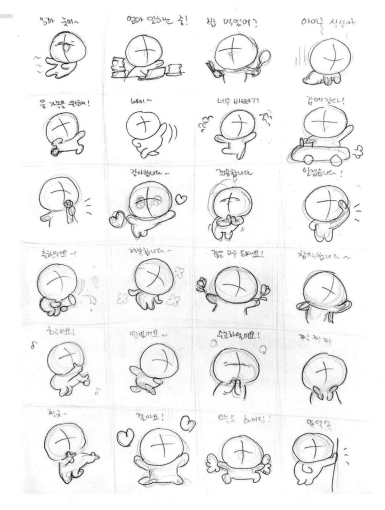

아이패드 포토샵으로 스케치하기

장소에 구애 받지 않고 포토샵으로 이모티콘을 만들 수 있습니다. 컴퓨터용 포토샵 cc를 구독해 사용하고 있으면 앱스토어에서 포토샵을 다운로드한 다음 어도비 계정으로 로그인하면 바로 추가 비용을 내지 않고 함께 사용할 수 있습니다.

1. 스케치하기

01 │ 포토샵을 실행합니다. 홈 화면에서 왼쪽 하단의 〈Create new〉 버튼을 탭합니다.

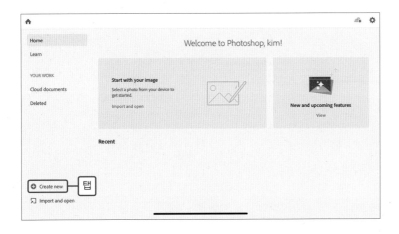

02 │ New Document 대화상자가 표시되면 깨짐 현상을 최소화하기 위해 제안 사이즈보다 크게 가로(W)를 '1000px', 세로(H)를 '1000px'로 설정합니다. Resolution을 '72ppi', Color mode를 'RGB'로 설정합니다. 〈Create〉 버튼을 탭하여 설정을 완료합니다.

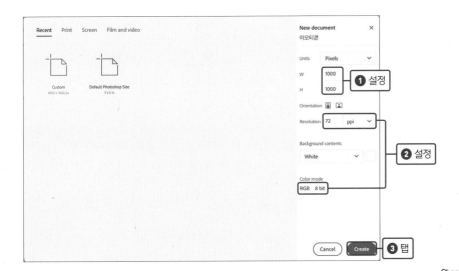

03 | 오른쪽 패널에서 '+' 아이콘(⊞)을 탭하여 레이어를 추가합니다.

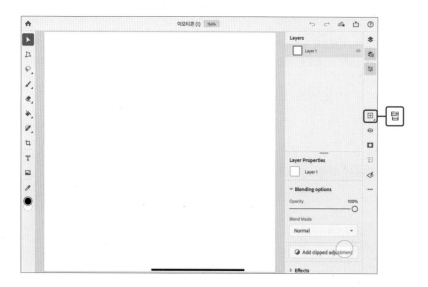

04 | 오른쪽 패널에서 '목록' 아이콘(⋯)을 탭하여 Layer actions 패널을 표시한 다음 'Rename layer'를 탭하여 레이어 이름을 '스케치'로 변경합니다.

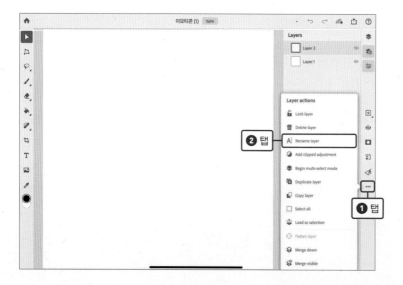

05 | 스케치 브러시를 선택합니다. Tools 패널에서 브러시 도구(✏)를 두 번 탭하여 브러시 종류를 선택합니다. 스케치 단계에서는 연필 질감과 비슷한 'Animator Pencil'을 선택합니다.

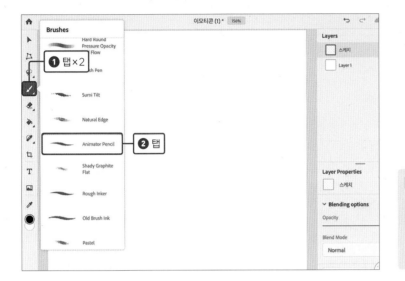

여러 번 선을 그어 형태를 그리는 스케치에서는 두껍고 매끄러운 선보다 연한 연필 질감 브러시를 사용합니다.

06 | 두 손가락을 화면에 대고 벌려 확대하며 스케치를 그립니다. 잘못 그렸을 때는 두 손가락을 화면에 탭하여 되돌아가기로 돌아가거나 Tools 패널에서 지우개 도구(🧽)를 선택하여 지우며 그립니다. 손에 힘을 빼고 연한 선을 그리며 형태를 잡고 힘을 준 다음 진한 선으로 정리를 합니다.

＋ **TIP** ＋   두 손가락 탭 : 실행 취소
　　　　　　세 손가락 탭 : 실행 취소 복귀

07 │ 스케치 위치를 이동할 때는 Tools 패널에서 올가미 도구(⟨⟩)를 선택한 다음 이동할 영역을 펜으로 떼지 않고 그려 선택합니다. 시작 점과 끝 점이 만나야 선택 영역으로 지정됩니다. Tools 패널에서 변형 도구(⟨⟩)를 선택합니다.

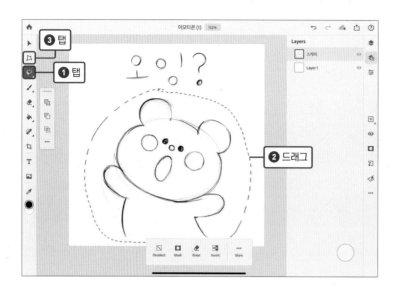

08 │ 탭하여 펜을 떼지 않고 원하는 위치로 이동합니다. 변형이 필요할 때는 필요에 따라 변형 패널에서 도구를 선택하여 변형합니다. 스케치를 이동한 다음 오른쪽 상단의 〈Done〉 버튼을 탭합니다.

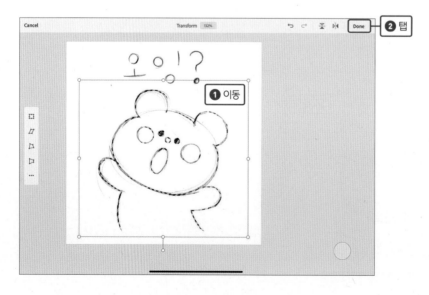

│ **+ TIP +**   ⊡ 크기 조절 / ⧄ 기울이기 / ⊿ 왜곡 / ⊿ 원근

09 | 하단의 〈Deselect〉 버튼을 탭하여 선택 영역을 해제합니다.

10 | 스케치 작업이 완료되었습니다. 추가로 선 작업과 채색 작업은 컴퓨터 포토샵으로 진행하거나 아이 패드 포토샵으로 진행합니다. 예제에서는 아이패드 포토샵으로 진행합니다.오른쪽 패널에서 '+' 아 이콘(🔲)을 탭하여 새 레이어를 추가합니다. 오른쪽 패널에서 '목록' 아이콘(⋯)을 탭하여 Layer actions 패널을 표시한 다음 'Rename layer'를 탭하여 레이어 이름을 '선'으로 변경합니다.

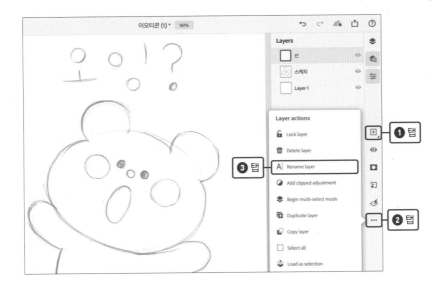

2. 선 따기

01 | 오른쪽 패널에서 'Layer Properties' 아이콘(▦)을 탭합니다. Layer Properties 패널이 표시되면 Blending options의 '열기' 아이콘(▷)을 탭합니다. Opacity(투명도)의 슬라이더를 탭하여 펜을 떼지 않고 좌우로 이동하여 수치를 조절합니다.

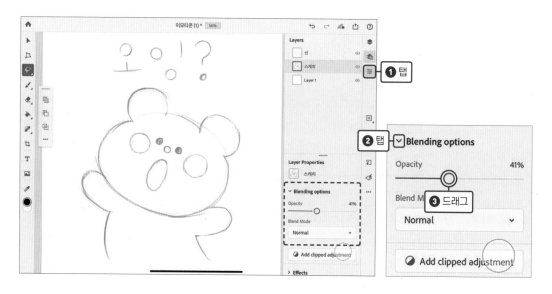

02 | Tools 패널에서 브러시 도구(✎)를 탭하여 'Hard Round'를 선택합니다.

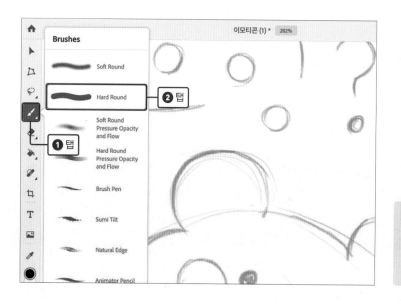

Why
'Hard Round' 브러시는 매끄러운 기본 브러시로 이모티콘에서 가장 많이 사용하는 브러시입니다.

03 | 브러시 패널에서 '목록' 아이콘(![...])을 탭하여 'Brush settings'를 표시합니다. Smoothing(부드럽게)의 슬라이더를 탭하여 펜을 떼지 않고 오른쪽으로 이동하여 수치를 조절합니다. Smoothing은 손 떨림을 보정하는 기능입니다.

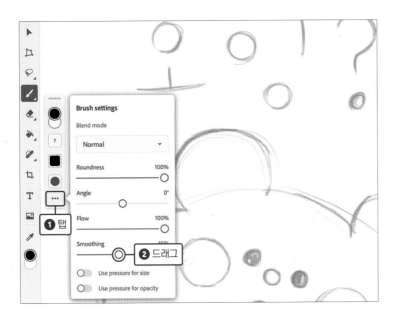

04 | 브러시 패널에서 가운데 숫자를 탭합니다. 표시되는 슬라이더를 탭하여 펜을 떼지 않고 상하로 이동하여 브러시 크기를 조절합니다.

05 | 두 손가락을 화면에 대고 벌려 확대하면서 선을 그립니다. 잘못된 선을 그렸을때는 두 손가락을 탭하여 되돌리거나 Tools 패널에서 지우개 도구(🔲)를 선택하여 깔끔하게 지웁니다.

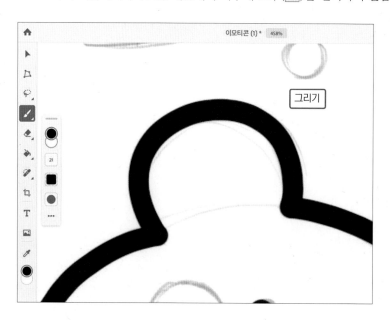

06 | 브러시 색을 변경합니다. 브러시 패널에서 상단 두 개의 동그라미 중 위의 동그라미를 탭합니다. 'Color'가 표시되면 원하는 색을 탭하여 지정합니다.

+ **TIP** + 브러시 패널 두 개의 동그라미를 위, 아래로 드래그하면 색의 위치가 서로 바뀝니다. 위의 동그라미는 지금 사용하는 색으로, 자주 사용하는 색 두 가지를 설정해 보세요.

07 │ 글자도 함께 적습니다.

│ ✦ **TIP** ✦ 　　새 레이어를 추가하여 레이어 이름을 글자로 변경한 다음 추가한 레이어에 글자를 적습니다.

08 │ 선 그리기를 완료했습니다. 오른쪽 패널에서 '목록' 아이콘(⋯)을 탭하여 Layer actions 패널을 표
　　　시한 다음 'Delete layer'를 탭하여 레이어를 삭제합니다.

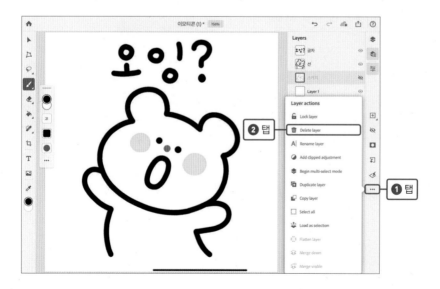

│ ✦ **TIP** ✦ 　　Layers 패널에서 '스케치' 레이어의 '눈' 아이콘(👁)을 탭하여 레이어가 안 보이게 할 수도 있습니다.

3. 색칠하기

01 | Layers 패널에서 '선' 레이어를 선택합니다. 오른쪽 패널에서 '목록' 아이콘(⋯)을 탭하여 Layer actions 패널을 표시한 다음 'Duplicate layer'를 탭하여 레이어를 복제합니다.

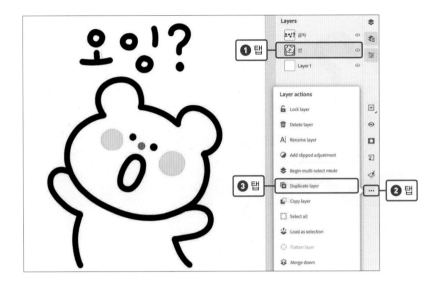

02 | 오른쪽 패널에서 '목록' 아이콘(⋯)을 탭하여 Layer actions 패널을 표시한 다음 'Rename layer' 를 탭하여 복제한 레이어의 이름을 '색'으로 변경합니다.

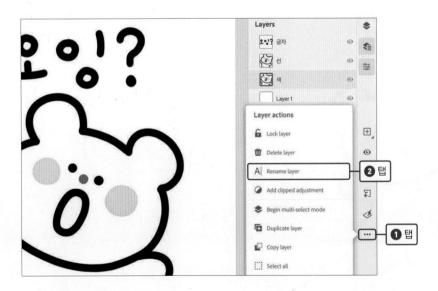

03 | 색이 잘 칠해지는지 확인하기 위해 Layers 패널에서 배경 레이어인 'Layer 1'을 선택합니다. Tools 패널에서 페인트 통 도구(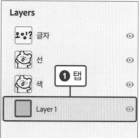)를 선택한 다음 하단에 있는 동그라미 중 위의 동그라미를 탭하여 색을 지정합니다. 캔버스 배경을 탭하여 색을 채웁니다.

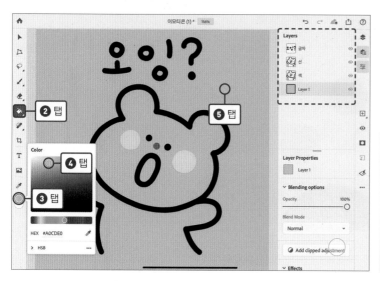

04 | 원하는 색으로 변경한 다음 Layers 패널에서 '색' 레이어를 선택합니다. Tools 패널에서 페인트 통 도구(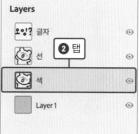)를 선택하여 색칠할 영역을 탭하여 색을 채웁니다. 페인트 통 도구(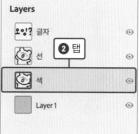)를 한 번 탭하면 아래 예시처럼 색칠하는 영역 사이에 작은 틈이 생깁니다.

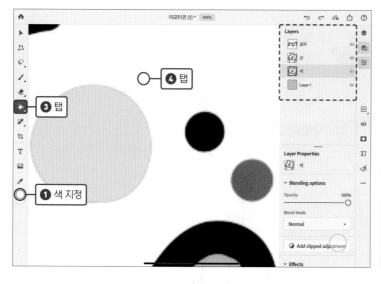

05 | 페인트 통 도구(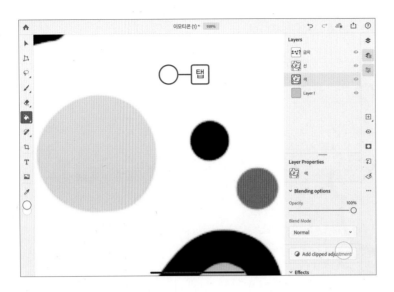)로 캔버스 배경을 1~2번 더 탭하여 빈틈을 채웁니다.

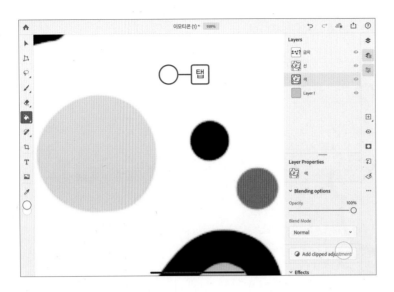

| **+ TIP +**   페인트 통 도구로 색을 여러 번 채우면 경계가 깨지는 계단 현상이 발생하기 때문에 1~2번만 탭합니다.

06 | 선과 선의 끝이 서로 연결되지 않아 페인트 통 도구로 색을 채울 수 없는 부분은 선을 그려 연결합
니다. Tools 패널의 하단 동그라미에서 위 동그라미를 선택하여 색을 지정합니다. Tools 패널에
서 브러시 도구(✐)를 선택하고 선을 그려 연결합니다. Tools 패널에서 페인트 통 도구(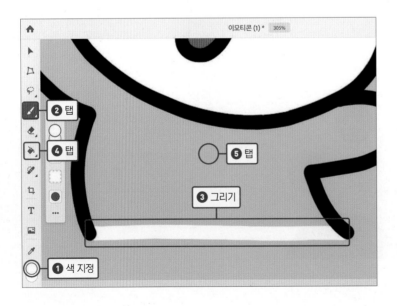)를 선
택하고 캔버스를 탭하여 색을 채웁니다.

4. 내보내기

01 | 색을 다 칠했으면 컴퓨터 포토샵으로 이동해 나머지 작업을 진행하겠습니다. 공유는 두 가지 방법이 있습니다. 첫 번째는 오른쪽 상단의 '내보내기' 아이콘(🔲)을 탭하여 'Publish and export'를 선택합니다.

02 | Format 대화상자가 표시되면 포토샵 확장자인 'PSD'를 선택한 다음 〈Export〉 버튼을 탭합니다.

Why
아이패드 포토샵에서 작업을 완료하면 Layers 패널에서 '배경' 레이어의 '눈' 아이콘(👁)을 탭하여 투명으로 만든 다음 이미지 확장자인 'PNG'로 저장합니다.

03 | AirDrop, Mail, KakaoTalk 등 공유할 방법을 선택해 파일을 이동합니다.

5. 클라우드로 내보내기

01 | 공유 두 번째 방법은 아이패드가 와이파이에 연결되어 있거나 셀룰러 데이터가 켜져 있는 온라인 상태에서만 사용할 수 있는 기능입니다. 간편하게 클라우드 자동 저장을 통해 전송 과정을 거치지 않아도 컴퓨터의 포토샵과 연동할 수 있습니다.

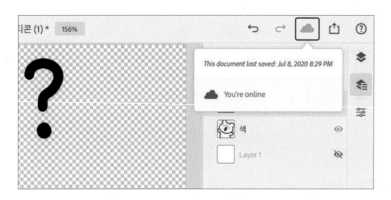

| **+ TIP +**   온라인 상태 ☁ 오프라인 상태 ☁

02 | 저장을 하지 않아도 아이패드 포토샵에서 작업한 파일은 자동으로 클라우드에 저장됩니다. 홈 화면에서 'Cloud documents'를 선택하면 진행한 작업물이 저장된 것을 확인할 수 있습니다.

03 │ 컴퓨터 포토샵을 실행합니다. 홈 화면에서 '클라우드 문서'를 클릭하면 아이패드에서 작업한 이모
티콘을 바로 확인할 수 있습니다.

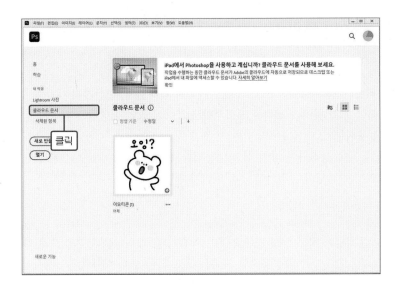

04 │ 파일을 열면 그림뿐만 아니라 레이어도 그대로 공유되어 작업을 이어 갈 수 있습니다.

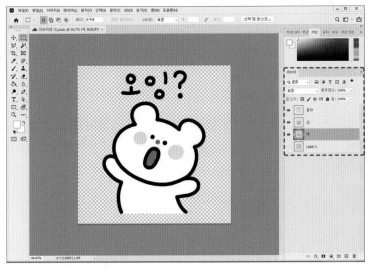

움직임을 구성하는 데 있어서 뼈대와 같은 작업입니다. 움직임에 대해 충분한 고려를 하고 애니메이션을 제작하는 것은 전체적인 제작 기간을 단축합니다.

움직이는 이모티콘의 경우 어떤 식으로 움직일 것인지 움직임에 대한 계획을 세웁니다. 움직임에 대한 계획 없이 이모티콘 제작부터 시작하면 작업이 막히는 경우가 생깁니다. 자신이 구현할 수 있는 움직임 안에서 효과적인 연출 방법을 구상합니다. 지나치게 무리한 동작을 생각하면 작업 시간이 늘어나고 힘들어질 수 있습니다. 간단한 움직임이더라도 캐릭터의 분위기에 맞춰 메시지 전달에 초점을 두고 제작하면 됩니다.

한 컷을 그리고 움직임이 바로 상상 가는 경우는 적습니다. 캐릭터를 어떤 식으로 움직일 것인지 머릿속으로 상상하며 움직임 기획을 글로 적어 보고 어떤 감정, 메시지를 나타내는지도 적어 봅니다. 이모티콘 세트 안에서 중복된 감정이 많이 있지 않은지도 함께 확인할 수 있습니다. 동작을 구상하기 어려우면 동작이 확 바뀌는 이모티콘은 바뀌는 모습의 원화 이미지도 스케치로 그려 봅니다.

카카오 이모티콘과 밴드 이모티콘의 승인 이후 상품화 과정의 컬러 시안 단계에서 담당자에게 움직임에 대한 글을 제출하게 됩니다. 최종 결과물을 사전에 짐작할 수 있을 정도로 움직임에 대한 충분한 내용을 담아야 합니다. 상품화 과정에서도 중요한 단계이기 때문에 미리 구상합니다.

불만 : 마구잡이로 빠르게 몸을 흔든다.

슬픔 : 몸을 들썩이다가 입을 벌리며 운다.

긍정 : 팔을 위로 들고 고개를 흔든다.

배고픔 : 비틀거리며 걷는다.

가는 중 : 몸을 흔들며 빠르게 달린다.

부탁 : 한 발을 올리며 손가락으로 가리킨다.

귀찮아~

귀찮음 : 배를 긁고 방구를 뀐다.

으아어아으아

짜증 : 누워서 팔과 다리를 빠르게 흔든다.

싸랑해~~~

사랑 : 손가락 하트를 한 손씩 앞으로 내민다.

네?

대답 : 눈을 깜빡이고 고개를 옆으로 기울인다.

기상 : 몸을 일으키며 부은 눈을 깜박인다.

부탁해용~~

부탁 : 엉덩이를 좌우로 흔든다.

즐거움 : 좌우로 씰룩씰룩 춤을 춘다.

감사 : 한쪽 무릎을 꿇고 뒤에 숨긴 꽃을 내민다.

축하 : 박수를 친다.

즐거움 : 엉덩이를 내밀며 춤춘다.

긍정 : 좌우로 흔들며 머리 위로 원을 그린다.

부정 : 검지 손가락을 피고 흔든다.

웃음 : 배를 치며 웃는다.

인사 : 허리를 숙여 인사한다.

놀람 : 볼을 잡고 흔들며 놀란다.

응원 : 한 발씩 깡총 뛰며 응원술을 흔든다.

고민 : 손을 턱에 대고 허리를 옆으로 구부린다.

스트레스 : 팔을 위로 올리며 쓰러진다.

메시지 구상하기

1. 메시지 기획하기

콘셉트와 캐릭터 성격을 정리한 후 잘 드러날 수 있도록 기획합니다. 감정 표현, 상황 표현, 콘셉트 메시지를 각각 구상해 조합하면 활용성 높은 다양한 메시지를 구상할 수 있습니다.

> ① 이모티콘 콘셉트 | 나만의 이모티콘 콘셉트를 한두 줄로 정리해 보세요.

> ② 캐릭터 성격 | 캐릭터의 성격은 말투, 동작 표현 등을 정할 수 있어 중요합니다.

> ③ 감정 표현 | 활용성 높은 기본적인 감정 표현을 생각합니다.

> ④ 상황 표현 | 다양한 상황에서 이모티콘으로 대화할 수 있는 표현을 생각합니다.

> ⑤ 콘셉트 메시지 | 정리한 콘셉트가 사용자들에게 잘 나타날 수 있는 메시지 표현을 생각합니다.

2. 메시지-문구

어떤 감정과 상황을 나타내는지 적고 캐릭터 성격에 맞춰 문구를 구상합니다. 캐릭터만의 말투를 생각하면 재미있는 이모티콘을 만들 수 있습니다.

01 _____

02 _____

03 _____

04 _____

05 _____

06 _____

07 _____

08 _____

09 _____

10 _____

11 _____

12 _____

13 _____

14 _____

15 _____

16 _____

17 _____

18 _____

19 _____

20 _____

21 _____

22 _____

23 _____

24 _____

25 _____

26 _____

27 _____

28 _____

29 _____

30 _____

이모티콘 기본 프로그램인 포토샵을 활용하여 멈춰있는 이모티콘을 만듭니다. 프로그램을 잘 모르더라도 걱정하지 마세요. 포토샵을 처음 시작하는 분들도 따라 할 수 있는 쉬운 내용으로 함께 천천히 실습합니다.

PART
05

멈춰있는

이모티콘

작업하기

CHAPTER

01 | 포토샵 준비하기

포토샵은 이모티콘을 제작할 때 가장 기본 프로그램으로 다양한 기능이 있습니다. 전체적
으로 어떤 기능들이 있는지 살펴봅니다.

STEP 01 **포토샵 둘러보기**

포토샵의 기본 기능을 알아봅니다. 관련된 여러 기능을 모은 패널, 그림을 그리는 레이어로 구성된 작업 영역을
살펴봅니다.

**1.
기본 화면
알아보기**

포토샵을 실행하여 기본 화면이 어떻게 구성되어 있고 어떤 기능들이 있는지 살펴보
겠습니다.

❶ 메뉴 표시줄

메뉴 표시줄은 포토샵에서 사용하는 기능들을 탭으로 묶은 곳입니다. 파일(File), 편

집(Edit), 이미지(Image), 레이어(Layer), 문자(Type), 선택(Select), 필터(Filter), 3D, 보기(View), 윈도우(Window), 도움말(Help) 총 11개의 메뉴를 구성합니다.

❷ 옵션바
도구 패널에서 선택한 도구의 세부적인 옵션을 조정할 수 있습니다. 도구 패널에서 어떤 도구를 선택하는지에 따라 항목이 변경됩니다.

❸ 도구 패널
도구 패널은 포토샵에서 많이 사용하는 기능을 도구 아이콘으로 모아 놓았습니다. 이미지, 아트워크, 페이지 요소 등을 만들고 편집할 수 있습니다. 관련 도구끼리 그룹화되어 있습니다.

❹ 상태 표시줄
화면의 확대/축소 비율을 볼 수 있고 직접 비율을 숫자로 입력할 수 있습니다. 현재 작업 중인 파일의 용량과 레이어 개수 등을 확인할 수 있습니다.

❺ 캔버스
이모티콘을 작업하는 공간입니다. 그림을 그리는 도화지라고 생각하면 됩니다.

❻ 패널
포토샵의 여러 기능이 구분되어 나열된 공간입니다. 패널은 언제든지 〔창(Window)〕 메뉴에서 자주 사용하는 패널로 변경할 수 있습니다. 이모티콘 작업에 자주 사용하는 패널을 알아보겠습니다.

- 레이어 패널(🔖)
  레이어를 관리하여 수정이나 편집 작업을 합니다.
- 문자 패널(🅰)
  글씨체, 문자의 크기, 행간, 자간 등 문자의 옵션을 변경합니다.
- 작업 내역(🗒)
  작업 단계를 기록하며 원하는 이전 작업으로 되돌릴 수 있습니다.
- 속성 패널(🔲)
  이미지의 세부적인 속성을 설정합니다. 레이어 종류에 따라 설정할 수 있는 속성 내용이 달라집니다.
- 액션 패널(▶)
  자주 사용하는 기능을 기록하여 쉽게 반복 작업을 합니다.
- 타임라인 패널(🎞)
  타임라인을 이용하여 애니메이션을 만들고 설정합니다.

이모티콘 작업에 최적화된 작업 환경으로 만들어 보겠습니다.

2.
작업 환경
최적화하기

자주 사용하는 패널 표시하기

메뉴에서 〔창〕 탭을 클릭하면 포토샵의 모든 패널을 확인할 수 있습니다. 화면에 표시하려는 패널을 실행하면 표시됩니다. 자주 사용하지 않는 패널은 표시하지 않는 것이 넓은 작업 화면으로 작업할 수 있어 효율성을 높입니다.

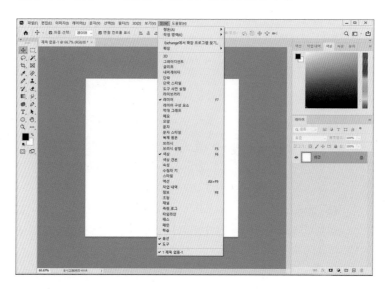

모든 패널 숨기기 또는 표시

브러시로 그림을 그리거나 넓은 화면의 작업이 필요할 때 〔Tab〕을 눌러 간단하게 모든 패널을 숨길 수 있습니다. 패널을 숨긴 다음 다시 〔Tab〕을 누르면 원상태로 돌아옵니다.

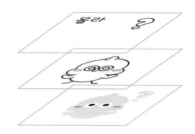

3.
레이어
이해하기

'레이어'는 '층'이라는 뜻을 가지고 있습니다. 레이어를 각각의 이미지가 들어 있는 투명한 필름이라고 생각하면 쉽습니다. 작업 화면에서 보이는 이미지는 한 장의 이미지 같지만 그림을 그린 투명한 필름이 여러 장 겹쳐지면서 하나의 이미지가 그려지는 것입니다. 하나의 레이어에 그림을 그리는 것이 아닌 여러 레이어에 분리해서 그리는 작업은 겹쳐진 이미지에 영향을 주지 않고 각각의 레이어를 수정할 수 있습니다. 레이어를 사용하면 수정이 필요할 때 해당 레이어만 수정하면 되므로 작업이 매우 수월합니다.

이모티콘 작업은 수정 단계가 있기 때문에 레이어를 분리해서 작업하는 것이 좋습니다. 이모티콘 작업에서는 최소 선 레이어, 색 레이어로 나누어 작업합니다. 필요에 따라서 얼굴, 팔, 다리, 몸통 등 세분화하여 작업하는 경우도 있습니다. 그림을 그리기 전 올바르게 레이어가 선택되었는지 항상 확인하며 작업합니다.

레이어 패널에서 가장 위에 있는 레이어가 작업 환경에서도 가장 위에 보입니다. 레이어에서 비어 있는 부분은 투명하게 인식되어 아래 레이어 이미지가 그대로 보이거나, 아래 레이어에 그린 이미지는 위의 레이어에 그린 이미지에 가려집니다. 이 점을 기억하고 레이어 순서를 이동하며 작업할 수 있습니다.

레이어 패널 살펴보기

❶ **블렌딩 모드** : 선택한 레이어와 바로 아래의 레이어를 합성합니다.

❷ **불투명도** : 레이어 이미지의 불투명도를 조절합니다. 0%에 가까워질수록 투명해집니다.

❸ **잠그기** : 레이어 잠금을 설정하면 해당 레이어의 이미지를 변형할 수 없습니다.

❹ **눈 아이콘** : 레이어의 이미지를 작업 화면에서 보이지 않게 합니다.

❺ **새 레이어 만들기** : 새로운 레이어를 만듭니다.

❻ **레이어 삭제** : 선택한 레이어를 삭제합니다.

4.
레이어의 종류

❶ 일반 레이어

기본 레이어입니다. 자유롭게 수정이 가능합니다. 특수 레이어는 마우스 오른쪽 버튼을 클릭한 다음 레이어 래스터화를 실행하면 일반 레이어로 바뀝니다.

❷ 그룹 레이어

레이어의 수가 많을 때 그룹을 만들어 정리합니다. 새 그룹 만들기를 클릭하여 그룹을 만든 다음 레이어를 드래그하여 그룹으로 이동하거나 그룹화할 레이어들을 선택한 다음 Ctrl + G를 눌러 그룹을 만듭니다.

❸ 문자 레이어

문자 도구(T.)로 문자를 입력하면 만들어지는 레이어입니다. 썸네일이 문자 레이어를 표시하는 'T'로 되어 있으며 썸네일을 더블클릭하면 간편하게 문자 설정을 할 수 있습니다.

❹ 고급 개체 레이어

원본을 유지하며 편집할 수 있는 레이어입니다. 포토샵 이외의 프로그램에서 만든 이미지를 불러올 때 설정하거나, 일반 레이어에 마우스 오른쪽 버튼을 클릭한 다음 고급 개체로 변환을 클릭해 설정할 수 있습니다.

❺ 모양 레이어

도형 도구(□)나 펜 도구(∅.)를 사용했을 때 만들어지는 레이어입니다. 모양 레이어의 썸네일을 더블클릭해 도형의 색상을 변경할 수 있습니다.

❻ 배경 레이어

새 캔버스를 만들 때 자동으로 만들어지는 레이어입니다. 배경의 색상이 지정되어 만들어집니다. 일반 레이어와 달리 기본적으로 잠금 설정되어 만들어지기 때문에 편집할 경우 잠금을 더블클릭해 해제한 다음 작업합니다.

포토샵에서 사용할 수 있는 도구의 종류는 총 65가지가 있습니다. 이 중 이모티콘 작업에 자주 쓰는 도구들을 쓰임에 따라 먼저 알아보겠습니다. 도구는 비슷한 기능의 도구들끼리 모아 놓았습니다. 일부 도구를 길게 클릭해 확장하여 그 아래에 숨겨진 도구를 표시할 수 있습니다. 도구 아이콘의 오른쪽 아래에 있는 작은 삼각형은 숨어 있는 도구가 있음을 표시합니다. 도구가 숨어 있어 찾기 어려우면 단축키를 사용해 선택합니다.

1. 그릴 때 사용하는 도구

✏️ 브러시 도구(B)

붓처럼 자유롭게 그림을 그릴 때 사용합니다. 브러시 패널과 옵션바에서 다양하게 설정할 수 있어 원하는 브러시 스타일로 그림을 그릴 수 있습니다.

✏️ 연필 도구(B)

브러시 도구(✏️)와 함께 드로잉하는 도구입니다. 가장자리가 부드럽게 그려지는 브러시와 달리 투명도 없이 픽셀 단위로 채워져 깨진 듯한 선을 연출할 수 있습니다.

▲ 브러시 도구로 그린 선, 연필 도구로 그린 선

2. 수정할 때 사용하는 도구

✥ 이동 도구(V)

선택 영역 혹은 선택한 레이어에 해당하는 이미지를 이동할 때 사용합니다. 이동하려는 이미지를 선택한 다음 마우스 왼쪽 버튼을 클릭한 채 드래그하면 이미지가 이동됩니다.

⬚ 선택 윤곽 도구(M)

이미지의 일부를 원형, 사각형의 도형 틀로 선택할 때 사용합니다. 드래그하여 선택 영역의 크기를 조정할 수 있습니다. 선택된 영역은 점선 형태로 보입니다.

🔾 올가미 도구(L)

한 레이어 안에 이미지 일부를 제한적인 형태가 아닌 원하는 모양으로 선택할 때 사용합니다. 선택 영역을 올가미 도구(🔾)를 이용해 그린다 생각하며 선택합니다.

⚆ 자동 선택 도구(Ⓦ)

같은 색상의 영역을 자동으로 선택합니다. 색을 채우거나 색을 변경할 때 많이 사용합니다. 옵션바에서 허용치를 설정하며 선택 영역을 조절합니다. '인접'을 체크 표시하면 클릭한 영역만 선택이 되고, 체크 해제하면 떨어져 있는 부분의 같은 색상 영역이 한꺼번에 선택됩니다.

⚆ 지우개 도구(Ⓔ)

이미지의 일부분을 지울 때 사용합니다.

3.
색칠할 때
사용하는
도구

✏ 스포이드 도구(Ⓘ)

이미지에서 특정 색상을 추출할 때 사용합니다. 추출하려는 색을 스포이드 도구(✏)로 클릭하면 전경색이 추출된 색상으로 변경됩니다.

⬛ 전경색/배경색

현재 사용하는 색상인 전경색과 작업 화면의 바탕색인 배경색을 설정할 수 있습니다. 전경색과 배경색 전환 화살표를 클릭하거나 단축키 Ⓧ를 눌러 색을 전환할 수 있습니다.

• 전경색

전경색은 브러시 도구(✏) 혹은 문자 도구(Ⓣ)를 이용해 현재 사용하는 색을 나타냅니다. Alt+Delete를 눌러 선택한 레이어에 전경색을 채울 수 있습니다.

• 배경색

작업 화면의 바탕색을 의미합니다. 배경 레이어를 지우개로 지웠을 때 설정한 배경색으로 지워지는 것을 확인할 수 있습니다. 일반적으로 이모티콘 작업에서 배경색을 사용하는 경우는 없어 전경색과 함께 자주 사용하는 색을 저장하는 용으로 사용합니다. Ctrl+Delete를 눌러 선택한 레이어에 배경색을 채울 수 있습니다.

4.
캔버스
이동 도구

✋ 손 도구(Ⓗ/Spacebar)

드래그하여 확대한 화면에 숨겨진 부분을 이동하여 볼 때 사용하는 도구입니다. 다른 도구를 사용하는 중 Spacebar를 누르면 누르고 있는 동안 손 도구(✋)가 선택됩니다.

🔍 돋보기 도구(Ⓩ)

캔버스 작업 화면을 확대, 축소할 수 있습니다. 세밀한 영역을 작업할 때 사용합니다. 돋보기 도구를 선택 후 확대할 영역을 클릭합니다. 반대로 축소할 때는 Alt를 누른 상태에서 캔버스를 클릭하면 됩니다. 또는 Ctrl+Ⅎ, Ctrl+▭를 눌러 확대, 축소를 할 수 있습니다.

새 파일 만들기

새 파일을 만들어 새로운 이모티콘을 그릴 준비를 합니다. 이모티콘 플랫폼들의 규격 사이즈가 모두 다르기 때문에 작업 후 규격에 맞추어 원하는 크기로 변경합니다.

1. 새 캔버스 만들기

새 캔버스를 만들어 이모티콘 만들기를 시작합니다. 필요에 따라 두 종류 중 캔버스 만드는 방법을 선택하여 작업합니다.

새 문서 만들기

01 │ 포토샵을 실행하고 메뉴에서 **(파일)** → **새로 만들기**를 실행하거나 단축키 [Ctrl]+[N]을 눌러 새로 만들기 문서 대화상자를 표시합니다.

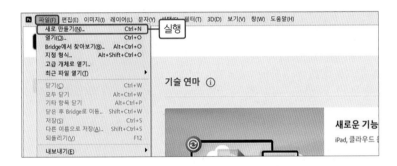

02 │ 새로 만들기 문서 대화상자에서 캔버스를 설정한 다음 〈제작〉 버튼을 클릭합니다.

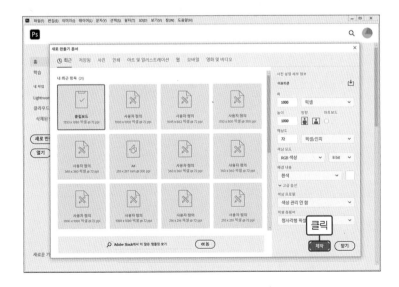

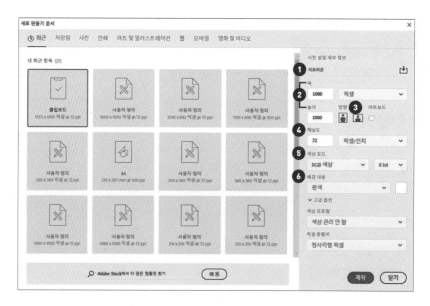

❶ **파일 이름(Name)** : 새로 작업할 캔버스의 이름을 설정합니다.

❷ **폭(Width), 높이(Height)** : 문서의 크기를 설정합니다. 오른쪽에서 단위를 지정합니다.

❸ **방향(Orientation)** : 캔버스의 용지 방향을 설정합니다.

❹ **해상도(Resolution)** : 작업할 해상도를 설정합니다. 이모티콘의 경우 '72'로 설정합니다.

❺ **색상 모드(Color Mode)** : 색상 모드를 지정합니다. RGB는 모니터용 색상 모드, CMYK는 인쇄용 색상 모드입니다. 이모티콘 작업의 경우 'RGB'로 지정합니다.

❻ **배경 내용(Background Contents)** : 캔버스의 배경색을 지정합니다.

- **폭, 높이** : 1000(이모티콘의 규격 사이즈보다 큰 사이즈로 작업하는 것이 높은 해상도로 작업할 수 있습니다. 작업 완료 후 규격 사이즈로 변경합니다).
- **단위** : 픽셀(pixels)
- **해상도** : 72
- **색상 모드** : RGB 색상(Color)
- **배경 내용** : 흰색

2. 크기 변경하기

캔버스 크기 변경하기

01 | 캔버스 크기를 변경할 파일을 준비합니다. 캔버스 크기는 이미지 자체의 크기를 유지하면서 작업
영역의 크기를 변경할 때 사용합니다. 이모티콘을 그린 다음 여백을 조정할 때 사용할 수 있습니다.

02 | 메뉴에서 (**이미지**) → **캔버스 크기**를 실행합니다.

03 │ 캔버스 크기 대화상자가 표시되면 폭(W)과 높이(H)에 변경할 크기를 입력합니다. 화살표를 클릭
해 크기가 변경되는 기준을 설정할 수 있습니다. 기본 상태에서는 캔버스의 가운데를 기준으로 크
기가 변경됩니다. 〈확인〉 버튼을 클릭해 변경을 완료합니다.

04 │ 캔버스의 여백이 변경되었습니다.

이미지 크기 변경하기

01 │ 메뉴에서 (이미지) → 이미지 크기를 실행합니다. 이미지 크기는 원하는 크기로 이미지 전체의 크기를 변경할 수 있습니다. 이모티콘을 제안하기 위해 규격 크기로 변경할 때 사용합니다.

02 │ 이미지 크기 대화상자가 표시되면 폭, 높이, 해상도를 변경할 수 있습니다. 〈확인〉 버튼을 클릭해 변경을 완료합니다.

03 │ 작은 크기로 변경되었습니다.

작업 속도를 높이는 기본 단축키

포토샵을 사용하면서 단축키를 알아 두면 조금 더 편리하고 작업이 빨라질 수 있습니다. 기본 단축키부터 사용해 보고 점점 사용하는 단축키를 늘려 작업 속도를 높여 보세요.

1. 파일

새 파일 `Ctrl`+`N`
저장하기 `Ctrl`+`S`

다른 이름으로 저장 `Ctrl`+`Shift`+`S`
웹용으로 저장 `Ctrl`+`Alt`+`Shift`+`S`

2. 편집

한 단계씩 작업 취소 `Ctrl`+`Alt`+`Z`
작업 취소 `Ctrl`+`Z`

한 단계씩 재실행 `Ctrl`+`Shift`+`Z`
크기 조절 `Ctrl`+`T`

3. 도구

이동 도구 `V`
선택 윤곽 도구 `M`
올가미 도구 `L`
자동 선택 도구 `W`

스포이드 도구 `I`
브러시 도구 `B`
지우개 도구 `E`
문자 도구 `T`

4. 레이어

새 레이어 추가 `Ctrl`+`Shift`+`N`
레이어 복제 `Ctrl`+`J`
선택한 레이어 합치기 `Ctrl`+`E`

선택한 레이어 그룹 만들기 `Ctrl`+`G`
레이어 그룹 해제 `Ctrl`+`Shift`+`G`

5. 기타

전경색 채우기 `Alt`+`Delete`
배경색 채우기 `Ctrl`+`Delete`
브러시 크기 축소 `[`

브러시 크기 확대 `]`
픽셀 유동화 `Ctrl`+`Shift`+`X`

6. 선택

전체 선택 `Ctrl`+`A`
선택 영역 해제 `Ctrl`+`D`

선택 반전 `Ctrl`+`Shift`+`I`

7. 보기

화면 확대 `Ctrl`+`+`
화면 축소 `Ctrl`+`−`

이미지 화면 맞추기 `Ctrl`+`O`
손 도구로 이동하기 `Spacebar`

CHAPTER 02 | 멈춰있는 이모티콘 작업 과정

종이에 그린 나만의 이모티콘을 컴퓨터로 그립니다. 머릿속으로 상상했던 이모티콘이 그대로 나올 수 있도록 포토샵의 여러 기능을 활용해 만들어 보세요.

◉ 05 폴더에서 해당 예제\완성 파일을 확인할 수 있습니다.

STEP 01 | 밑그림 그리기

종이에 그린 스케치를 불러와 포토샵으로 밑그림을 그리는 단계입니다. 대충 그린 듯한 콘셉트의 이모티콘이나 종이 스케치 단계에서 완성될 이모티콘 형태에 맞게 꼼꼼히 진행했으면 생략할 수 있습니다.

1. 스케치 파일 불러오기

종이에 스케치한 이미지를 화면에 불러옵니다. 그릴 밑그림이 잘 보이도록 스케치 레이어의 투명도를 조절합니다.

01 | 메뉴에서 (**파일**) → **포함 가져오기**를 실행하고 05 폴더에서 '스케치.png' 파일을 불러옵니다.

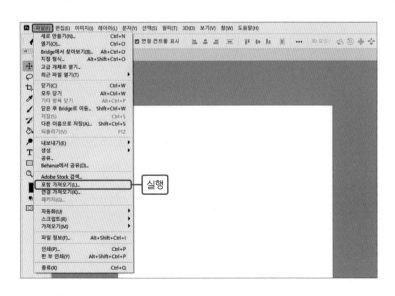

＋ **TIP** ＋　포토샵 화면에 사진을 불러오는 방법은 세 가지가 있습니다.
　　　　　　(**파일**) → **포함 가져오기** / **복사, 붙여 넣기** / **화면에 드래그**하여 가져오기

02 | 불러온 스케치의 모서리에 위치한 조절점을 드래그하여 원하는 크기와 위치로 조절합니다. 조절한 다음 Enter 를 누릅니다.

+ **TIP 1** + Alt 를 누른 채 모서리의 조절점을 드래그하면 중심을 기준으로 크기가 조절됩니다.
+ **TIP 2** + 크기를 다시 조절하고 싶으면 해당 레이어를 선택한 다음 Ctrl + T 를 눌러 조절합니다.

03 | 레이어 패널에서 '스케치' 레이어를 선택한 다음 불투명도를 조절합니다.

2. 밑그림 그리기

불러온 스케치 파일 위에 브러시로 밑그림을 그립니다.

01 | 레이어 패널에서 '새 레이어 만들기' 아이콘(▣)을 클릭하거나 Ctrl+Shift+N을 눌러 밑그림을 그릴 새 레이어를 만듭니다. 레이어의 이름을 더블클릭해 '밑그림'으로 변경합니다.

02 | 전경색을 더블클릭하여 브러시로 그릴 색상을 선택한 다음 〈확인〉 버튼을 클릭합니다.

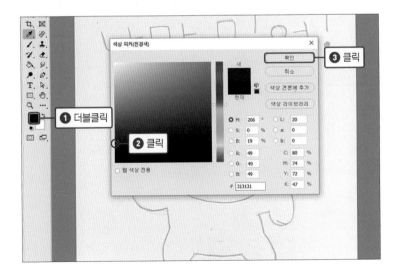

03 도구 패널에서 브러시 도구(✐)를 선택하거나, B를 눌러 브러시를 선택합니다. 옵션바에서 브러시 사전 설정 피커 팝업 버튼을 클릭하여 브러시 종류를 선택합니다. 밑그림 단계의 브러시는 포토샵 CC 버전의 기본 브러시 'KYLE 궁극의 하드 연필'로 지정합니다. 브러시의 크기도 함께 설정합니다. 옵션바에서 지정하거나 [,]를 눌러 지정할 수 있습니다.

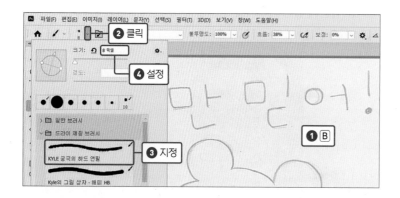

04 도구 패널에서 돋보기 도구(🔍)를 선택하거나, Ctrl+⊞/Ctrl+⊟를 눌러 화면을 확대, 축소를 하며 밑그림 레이어에 스케치 선을 따라 그립니다.

05 Ctrl+0을 눌러 화면 크기에 맞게 조정한 다음 밑그림을 확인합니다. 다 그렸으면 레이어 패널에서 '스케치' 레이어의 '눈' 아이콘(👁)을 클릭하거나 레이어를 삭제합니다.

3. 밑그림 변형하기

밑그림을 픽셀 유동화 기능을 이용해 형태를 다듬어 줍니다. 밑그림은 라인을 그대로 따라 그리는 용이기 때문에 최종적으로 완성될 형태로 만드는 것이 좋습니다. 픽셀 유동화 기능을 적용하면 픽셀 깨짐 현상이 생기기 때문에 밑그림 단계에 적합합니다.

01 | 레이어 패널에서 '밑그림' 레이어를 선택한 다음 메뉴에서 [**픽셀**] → **픽셀 유동화**(Ctrl+Shift+X)를 실행합니다.

02 | 뒤틀기 도구(🖐)를 선택해 찌그러진 부분, 형태가 잘못된 부분들을 드래그하며 수정합니다. 브러시 도구 옵션에서 브러시 크기와 압력을 설정할 수 있습니다. 변형한 다음 〈확인〉 버튼을 클릭합니다. 메뉴에서 [**파일**] → **저장**(Ctrl+S)을 실행하여 '밑그림_완성psd'로 저장합니다.

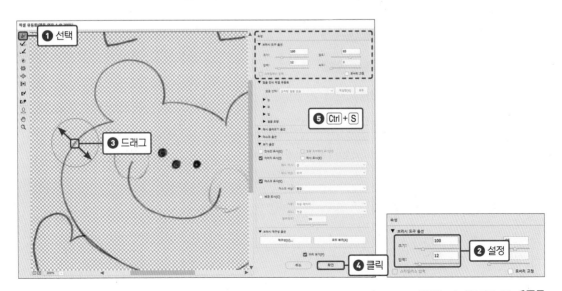

브러시 설정하기

포토샵에는 기본으로 여러 브러시가 내장되어 있지만, 추가로 다양한 옵션을 사용하여 새로운 브러시를 만들 수 있습니다. 기존 브러시를 수정하고 나만의 브러시를 디자인해 보세요.

1.
브러시 패널 알아보기

브러시 패널에서 다양한 설정으로 원하는 브러시를 만들 수 있습니다. 이모티콘 제작에 자주 사용하는 브러시 설정 위주로 알아보겠습니다.

브러시 사전 설정 피커

경도를 설정하면 브러시 도구(✐)의 앤티 앨리어스 양이 일시적으로 변경됩니다. 값이 100%일 때 가장 선명한 브러시 선을 사용할 수 있습니다.

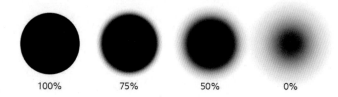

100%   75%   50%   0%

▲ 브러시의 종류, 브러시의 크기, 경도를 변경할 수 있습니다.

브러시 설정 패널

옵션바에서 '브러시 설정 패널 전환' 아이콘(☑)을 클릭하거나 메뉴에서 **(창) → 브러시 설정**을 실행합니다. 브러시 설정 패널에서는 기존 브러시를 수정하고 수정한 브러시를 새로운 브러시로 저장할 수 있습니다. 패널 아래쪽에 있는 미리 보기에서 수정하는 브러시 옵션이 적용된 모습을 확인할 수 있습니다.

❶ 브러시 모양

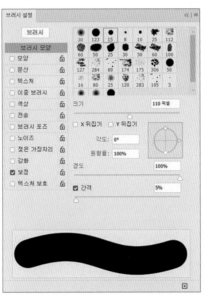

▲ 브러시를 선택하고 선택한 브러시의 세부적인 설정을 합니다.

❷ 모양

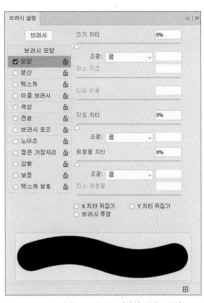

▲ 브러시 팁 모양의 크기와 각도, 원형율 등을 설정합니다. 조절에서 펜 압력을 지정하면 타블렛 펜의 압력에 따라 변경 값을 설정할 수도 있습니다.

❸ 분산

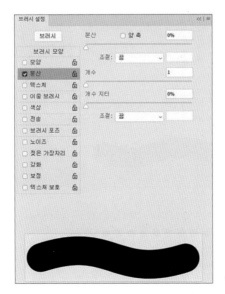

◀ 브러시 팁의 분산과 복제 등을 설정합니다.

2.
매끄러운
선 그리기

01 | 옵션바에서 브러시 사전 설정 피커 팝업 버튼을 클릭하여 경도를 '100%', 브러시를 '선명한 원'으로 지정합니다. 옵션바에서 흐름을 '100%', 보정을 '40~70%(개인 설정)'로 설정합니다.

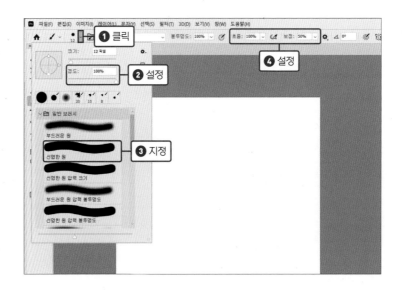

02 | 옵션바에서 '브러시 설정 패널 전환' 아이콘(🗹)을 클릭하거나 메뉴에서 **(창)→ 브러시 설정**을 실행합니다. 브러시 설정 패널에서 '보정' 옵션을 선택하고 브러시 모양 항목에서 간격을 '1%'로 설정합니다.

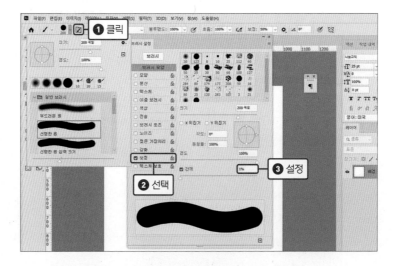

✦ TIP ✦ 간격의 값이 클수록 다양한 점선 스타일의 선을 그릴 수 있습니다.

3.
울퉁불퉁
선 그리기

01 │ 옵션바에서 브러시 사전 설정 피커 팝업 버튼을 클릭하여 경도를 '100%' 브러시를 '선명한 원'으로 지정합니다. 옵션바에서 '브러시 설정 패널 전환' 아이콘(🖼)을 클릭하거나 메뉴에서 (창) → 브러시 설정을 실행합니다. 브러시 설정 패널에서 '모양' 옵션을 선택하고 크기 지터를 '20%'로 설정합니다.

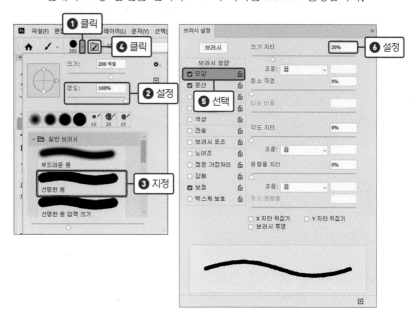

02 │ '분산' 옵션을 선택하고 분산을 '25%'로 설정합니다. 수치는 하단의 브러시 미리 보기 화면을 살펴보며 원하는 양으로 조절합니다.

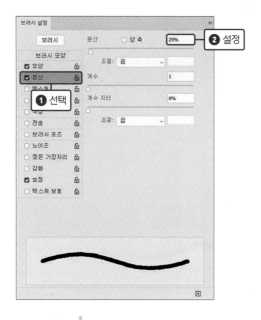

4.
필압 설정하기

01 | 옵션바에서 '브러시 설정 패널 전환' 아이콘()을 클릭하거나 메뉴에서 **(창)** → **브러시 설정**을 실행합니다. 브러시 설정 패널에서 '모양' 옵션을 선택하고 크기 지터에서 조절을 펜 압력으로 지정한 다음 최소 직경을 '40%'로 설정합니다.

5.
브러시
저장하기

이모티콘에 적용할 브러시를 만들었으면, 다음 작업에도 추가 설정 없이 동일한 브러시를 사용할 수 있도록 브러시를 저장합니다.

01 | 옵션바에서 '브러시 설정 패널 전환' 아이콘을 클릭하거나 메뉴에서 **(창)** → **브러시 설정**을 실행합니다. 브러시 설정 패널에서 오른쪽 하단의 '새 브러시 만들기' 아이콘을 클릭합니다.

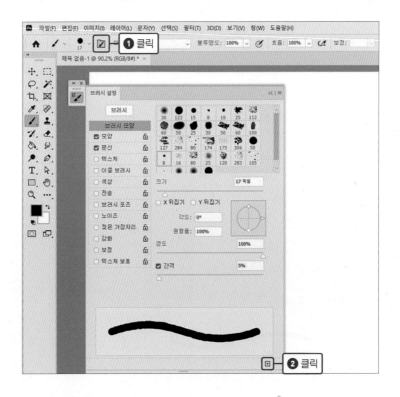

02 | 새 브러시 대화상자가 표시되면 브러시 이름을 변경한 다음 〈확인〉 버튼을 클릭합니다.

03 | 브러시 사전 설정 피커 팝업 버튼을 클릭합니다. 브러시 목록의 가장 아래에 저장한 브러시가 만들어졌습니다.

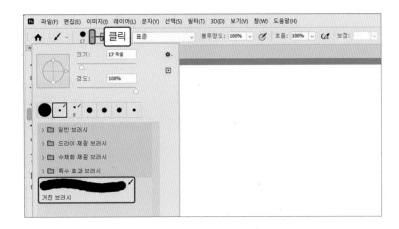

STEP 03 **브러시로 이모티콘 그리기**

밑그림을 바탕으로 이모티콘 라인을 그립니다. 움직이는 이모티콘의 경우 움직이는 동작을 고려해서 서로 다른 움직임을 줄 레이어는 분리해서 그립니다. 예시에서는 글자, 얼굴, 몸으로 분리해서 그리겠습니다.

01 │ 05 폴더에서 '밑그림.psd' 파일을 불러옵니다. 레이어 패널에서 '밑그림' 레이어의 불투명도를 조절합니다.

02 │ 레이어 패널에서 오른쪽 하단의 '새 레이어 만들기' 아이콘(□)을 클릭하여 새 레이어를 추가합니다. 레이어 이름을 더블클릭해 '얼굴'로 변경합니다.

03 | 브러시 사전 설정 피커에서 브러시를 선택해 화면을 확대, 축소하며 밑그림의 형태를 그립니다. 잘 못 그린 부분은 지우개 도구(⌗)로 지우며 그립니다.

04 | 얼굴을 그린 다음 레이어 패널에서 새 레이어를 추가하여 몸, 글자를 서로 다른 레이어에 그립니다. 다 그렸으면 '밑그림' 레이어의 '눈' 아이콘(⌗)을 클릭하거나 삭제합니다. 메뉴에서 **(파일) → 저장**(Ctrl+S)을 실행하여 '이모티콘 그리기_완성.psd'로 저장합니다.

Why

멈춰있는 이모티콘의 경우 한 레이어 안에 그림을 그려도 되지만 움직이는 이모티콘의 경우 움직임을 줄 영역은 레이어를 추가하여 그려야 간편하게 변형으로 움직임을 줄 수 있습니다.

레이어 확인하기

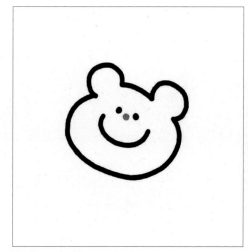 

이모티콘 색칠하기

색을 칠하는 방법을 알아보겠습니다. 세 가지 방법으로 색을 칠할 수 있습니다. 색을 칠하는 영역에 따라 방법이 달라지며 상황에 따라 선택하여 색을 칠합니다.

1. 색 레이어 만들기

01 | 05 폴더에서 '색칠하기.psd' 파일을 불러옵니다. 레이어를 분리해 라인을 그린 경우 먼저 분리한 레이어를 합쳐 색 레이어를 만듭니다.

02 | 레이어 패널에서 색을 칠할 레이어들을 Shift 혹은 Ctrl 를 누른 채로 다중 선택한 다음 Ctrl + J 를 눌러 복제합니다.

03 | 마우스 오른쪽 버튼을 클릭한 다음 (**레이어 병합**)을 실행하여 하나의 레이어로 병합합니다.

04 | 레이어 패널에서 병합한 레이어 이름을 더블클릭하여 '색'으로 변경한 다음 드래그해서 가장 아래로 레이어를 이동합니다.

Why

색을 칠하는 과정에서 색을 칠한 영역이 선으로 침범하기 때문에 선 레이어 아래로 색 레이어를 이동합니다.

2. 색 고르기

01 | 도구 패널에서 하단에 있는 전경색을 클릭합니다.

02 | 색상 피커(전경색) 대화상자가 표시되면 원하는 색을 선택한 다음 〈확인〉 버튼을 클릭합니다.

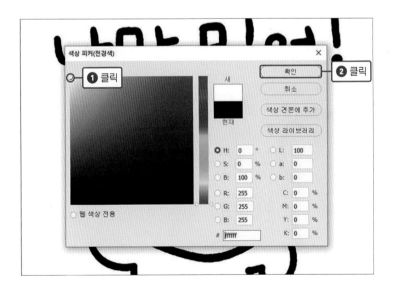

3. 색 채우기

01 | 색이 잘 칠해지고 있는지를 확인하기 위해 레이어 패널에서 '배경' 레이어의 '눈' 아이콘(👁)을 클릭하여 투명 상태로 만듭니다.

02 | 레이어 패널에서 '색' 레이어를 선택한 다음 도구 패널에서 자동 선택 도구(✐)를 선택하여 색을 칠할 영역을 클릭하여 지정합니다.

+ **TIP** + 자동 선택 도구를 선택하고 옵션바에서 '인접'을 체크 표시해야 클릭한 영역만 선택됩니다. 체크 해제되어 있으면 캔버스 안의 같은 색에 해당하는 영역이 모두 선택됩니다.

03 │ 선택 영역으로 지정한 다음 메뉴에서 **(선택)** → **수정** → **확대**를 실행합니다.

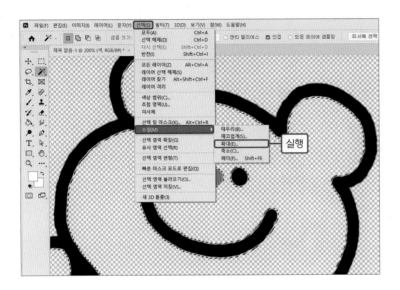

04 │ 선택 영역 확대 대화상자가 표시되면 확대량을 '3'으로 설정한 다음 〈확인〉 버튼을 클릭합니다. 확대량은 이모티콘의 테두리 굵기에 따라 선 밖으로 선택 영역이 나오지 않을 정도로 설정합니다.

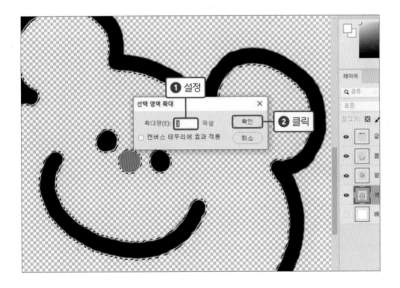

05 | 선택 영역이 확대되었습니다.

06 | Alt + Delete 를 눌러 전경색에서 선택했던 색을 선택 영역에 채웁니다.

+ TIP +   Alt + Delete : 전경색 채우기

           Ctrl + Delete : 배경색 채우기

07 | [Ctrl]+[D]를 눌러 선택 영역을 해제합니다. 메뉴에서 **(파일)** → **저장**([Ctrl]+[S])을 실행하여 '색칠하기_
완성.psd'로 저장합니다.

+ **TIP** + **선택 영역을 확대하지 않고 색칠하면 안 되나요?**

선택 영역을 확대하지 않고 색을 채우면 선택 영역과 테두리 사이 작은 틈이 생깁니다. 틈을 메우기 위해 선택 영역을 꼭 확대하
고 색을 채웁니다.

▲ 선택 영역 확대 전 색 채운 모습

▲ 선택 영역 확대 후 색 채운 모습

4. 액션 기능 활용하기

액션 기능은 반복적으로 사용하는 기능들을 기록한 다음 한 번의 클릭으로 실행하는 간편한 기능입니다. 앞의 색 채우는 과정을 액션 기능으로 한 번만 기록하면 단축키를 눌러 빠르게 색을 칠할 수 있습니다.

01 | 05 폴더에서 '액션 기능.psd' 파일을 불러옵니다. 메뉴에서 **(창) → 액션**을 실행하거나 Alt + F9 를 눌러 액션 패널을 표시합니다.

02 | 도구 패널에서 자동 선택 도구( )를 선택하고 색을 칠할 부분을 클릭하여 선택 영역으로 지정한 다음 전경색을 지정합니다.

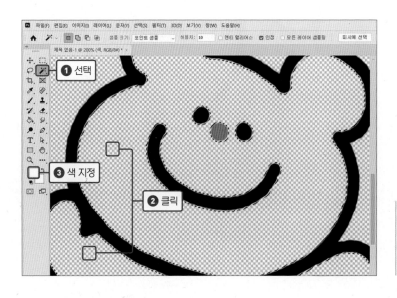

+ **TIP** +   자동 선택 도구를 선택하고 옵션바에서 '인접'을 체크 표시해야 클릭한 영역만 선택됩니다. 체크 해제되어 있으면 캔버스 안의 같은 색에 해당하는 영역이 모두 선택됩니다.

03 │ 액션 패널에서 '새 액션 만들기' 아이콘(□)을 클릭합니다.

04 │ 새 액션 대화상자가 표시되면 이름을 변경하고 기능 키(단축키)를 지정한 다음 〈기록〉 버튼을 클릭합니다.

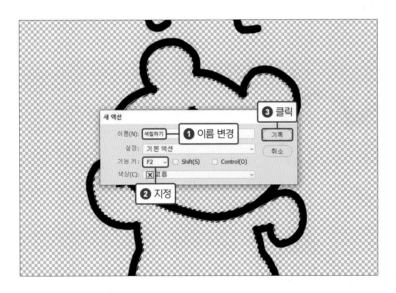

05 | 지정한 기능 키에 명령이 지정되어 있을 경우 기존 명령을 숨길 것인지 팝업 창이 표시됩니다. 팝업 창에 표시된 명령을 평소 기능 키로 사용하지 않았으면 〈확인〉 버튼을 클릭합니다.

06 | 액션 패널에서 '기록 시작' 아이콘(●)이 빨간색으로 바뀐 것을 확인한 다음 색 채우기 과정을 실행합니다. 선택 영역을 확대한 다음 색을 채우고 선택 영역을 해제합니다.

07 | 액션 패널에서 '기록 정지' 아이콘(■)을 클릭합니다. 이 다음부터 색칠하기 작업은 색을 선택하고 영역을 지정한 다음 기능 키 F2 를 눌러 진행합니다.

| + **TIP** + 　　기록이 잘못 되었을 경우 삭제할 액션을 선택한 다음 '삭제' 아이콘을 (🗑) 클릭하여 지웁니다.

5. 브러시로 색칠하기

작고 세밀한 영역이거나 테두리가 선으로 연결되지 않은 영역을 색칠할 때 브러시를 사용합니다.

01 | 이어서 색칠하기 위해 05 폴더에서 '색칠하기_완성.psd' 파일을 불러옵니다. 레이어 패널에서 레이어를 추가하거나 '색' 레이어를 선택합니다. 도구 패널에서 브러시 도구(✏)를 선택하여 색을 칠합니다. 잘못 칠한 부분은 지우개 도구(🩹)를 선택하여 지웁니다.

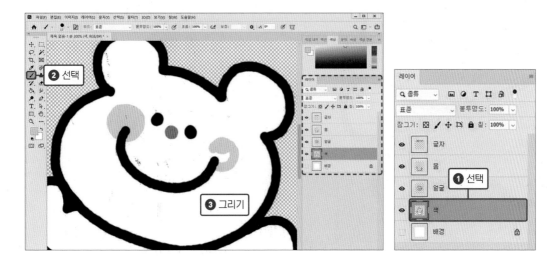

6. 클리핑 마스크 활용하기

클리핑 마스크는 위의 레이어를 바로 아래 레이어의 형태만큼만 보여 주는 기능입니다. 캐릭터 얼굴의 볼 터치, 옷과 소품의 무늬처럼 색을 칠할 때 외형선 밖으로 나가지 않게 칠해야 할 경우가 있습니다. 클리핑 마스크를 사용하면 지정한 영역 밖으로 색이 칠해지지 않아 매우 편리하게 색을 칠할 수 있습니다.

01 | 레이어 패널에서 '색' 레이어를 선택합니다. '색' 레이어에서 클리핑 마스크를 적용할 영역을 도구패 널에서 자동 선택 도구(🖌)를 선택하여 선택 영역으로 지정합니다. 마우스 오른쪽 버튼을 클릭해서 **[복사한 레이어]**를 실행합니다. 선택한 영역이 복제되어 새 레이어로 만들어집니다.

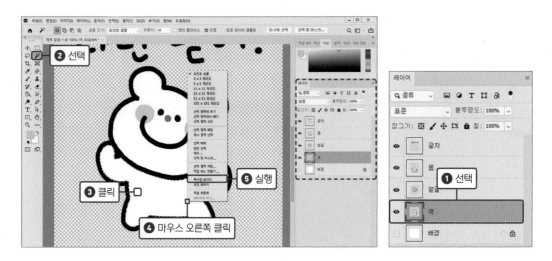

02 | 레이어 패널에서 복제한 레이어의 이름을 더블클릭하여 '몸 2'로 변경한 다음 바로 위에 '새 레이어 만들기' 아이콘(🔲)을 클릭하여 새 레이어를 만듭니다. 레이어의 이름을 더블클릭하여 '클리핑마스 크'로 변경합니다.

03 │ 마우스 오른쪽 버튼을 클릭한 다음 **(클리핑 마스크 만들기)**를 실행합니다.

│ **+ TIP +** 클리핑 마스크를 적용할 레이어와 클리핑 마스크 지정 레이어의 사이에 [Alt]를 누른 채 클릭하면 클리핑 마스크가 적용됩니다.

04 │ 레이어 패널에서 '클리핑마스크' 레이어를 선택한 다음 브러시로 색을 칠합니다. 클리핑 마스크가 적용된 아래 레이어의 형태를 벗어나지 않고 채색되는 모습을 확인할 수 있습니다. 메뉴에서 **(파일)** → **저장**([Ctrl]+[S])을 실행하여 '이모티콘_완성.psd'로 저장합니다.

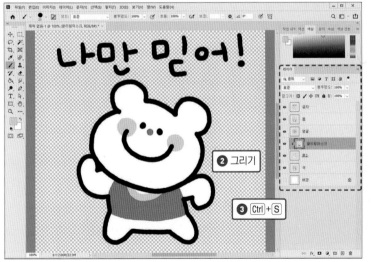

7. 색상 견본 등록하기

01 | 메뉴에서 (창) → **색상 견본**을 실행해 색상 견본 패널을 표시합니다.

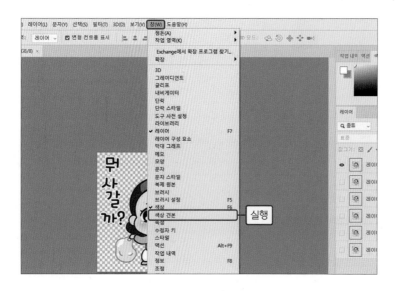

02 | 색상 견본 패널에서 '새 그룹 만들기' 아이콘(▣)을 클릭하여 그룹을 만듭니다. 그룹 이름 대화상자
가 표시되면 이름을 이모티콘 이름으로 변경한 다음 〈확인〉 버튼을 클릭합니다.

Why
그룹은 이모티콘 세트별로 지정합
니다. 이모티콘 한 세트별로 통일감
있는 색을 사용할 수 있습니다.

03 | 도구 패널에서 스포이트 도구( )를 선택하여 등록할 색을 클릭하여 전경색으로 추출합니다.

04 | 색상 견본 패널에서 '새 색상 견본 만들기' 아이콘( )을 클릭합니다. 색상 견본 이름 대화상자가 표시되면 이름을 변경합니다. 색상 견본의 이름은 색이 칠해져 있는 영역으로 지정했습니다. 〈확인〉 버튼을 클릭합니다.

05 | 같은 방법으로 이모티콘 세트별로 그룹을 만들어 색상 견본을 추가합니다. 색을 사용할 때 색상 견본의 색을 클릭하면 전경색이 선택한 색상으로 변경됩니다.

| STEP 05 | **이모티콘 글자 넣기** |

이모티콘에서 메시지를 전달하는 주요 수단인 글자를 넣고 변형하는 방법을 알아보겠습니다.

1. 글자 삽입하기

01 | 05 폴더에서 '글자 넣기.psd' 파일을 불러옵니다. 도구 패널에서 문자 도구(T.)를 선택하거나 T를 누릅니다.

02 | 캔버스를 클릭하면 샘플 텍스트가 표시되며 블록으로 지정되어 있습니다.

03 | 샘플 텍스트를 지우고 원하는 문구를 입력합니다.

04 | 드래그하거나 Ctrl+A를 눌러 글자를 블록으로 지정한 다음 옵션바에서 글꼴, 글꼴 크기, 색상을 지정합니다.

05 | 도구 패널에서 이동 도구(⊕)를 선택한 다음 글자를 원하는 위치로 이동합니다.

2. 한 글자씩 이동하기

01 | 레이어 패널에서 '너무해!' 문자 레이어를 선택합니다.

02 | 문자 레이어에 마우스 오른쪽 버튼을 클릭한 다음 **(문자 래스터화)**를 실행합니다. 문자 레이어에서 일반 레이어로 변경된 것을 확인할 수 있습니다.

| + TIP + 문자 래스터화를 실행하면 글자 내용을 변경할 수 없으므로 변경해야 하면 문자 레이어를 복제한 다음 실행합니다.

03 | 도구 패널에서 사각형 선택 윤곽 도구(▨)를 선택한 다음 이동할 글자를 드래그하여 영역으로 지정합니다.

| + TIP + 선택 영역에서 일부 영역을 제외하려면 Alt 를 누른 상태로 선택 영역에서 제외할 영역을 지정합니다. 선택 영역에서 일부 영역을 추가하려면 Shift 를 누른 상태로 선택 영역에서 추가할 영역을 지정합니다.

04 │ Ctrl + T 를 누릅니다. 도구 패널에서 이동 도구(⊕)를 선택한 다음 원하는 위치로 키보드 방향키나
　　　드래그하여 이동합니다.

05 │ 이동하고 Enter 를 누른 다음 Ctrl + D 를 눌러 선택 영역을 해제합니다.

3. 레이어 스타일로 글자 테두리 적용하기

01 | 테두리 적용이 잘 보이도록 배경색을 흰색이 아닌 다른 색으로 변경합니다. 레이어 패널에서 테두리를 적용할 '문자' 레이어를 선택합니다.

02 | '너무해!' 레이어의 이름 옆 빈 공간을 더블클릭하여 레이어 스타일 대화상자를 표시합니다.

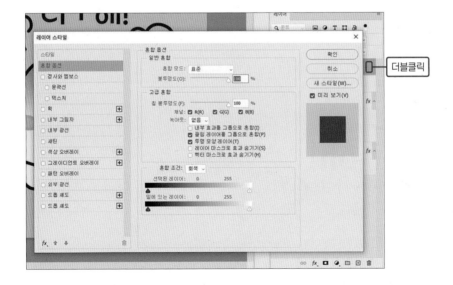

03 스타일 항목에서 '획'을 선택합니다. 테두리의 크기, 위치, 혼합 모드, 불투명도, 칠 유형, 색상을 원하는 스타일로 설정할 수 있습니다. 설정한 다음 〈확인〉 버튼을 클릭합니다.

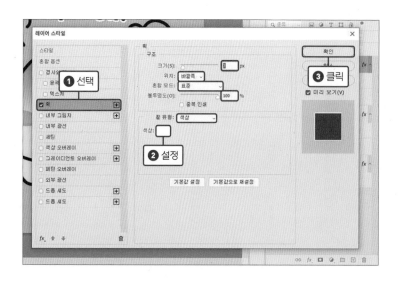

+ **TIP 1** + 예시 적용
  크기 : 7px / 위치 : 바깥쪽 / 혼합 모드 : 표준 / 불투명도 : 100% / 칠 유형 : 색상 / 색상 : #ffffff
+ **TIP 2** + 테두리 위치별 적용한 모습

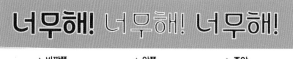

▲ 바깥쪽　　　　　▲ 안쪽　　　　　▲ 중앙

04 적용한 테두리를 확인합니다.

4. 획 편집으로 글자에 테두리 적용하기

레이어 스타일로 테두리를 적용하는 방법은 적용되는 모습을 바로 확인하며 다양하게 설정할 수 있는 장점이 있지만 손글씨에 적용할 경우 깨짐 현상이 일어날 수 있습니다. 손글씨에는 획 편집을 사용해 테두리를 적용하는 것을 권장합니다.

01 | 레이어 패널에서 테두리를 적용할 '너무해!' 레이어를 선택한 다음 메뉴에서 **(편집)** → **획**을 실행합니다.

02 | 획 대화상자가 표시되면 원하는 테두리를 설정합니다. 설정한 다음 〈확인〉 버튼을 클릭합니다.

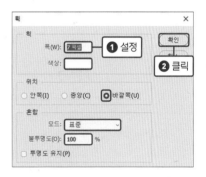

＊ **TIP 1** 　예시 적용
크기 : 7px / 색상 : #ffffff / 위치 : 바깥쪽 / 혼합 모드 : 표준 / 불투명도 : 100%

＊ **TIP 2** 　테두리를 적용한 다음 수정, 삭제는 불가능하여 원본 문자 레이어를 복제한 다음 테두리를 적용합니다.

03 | 적용한 테두리 모습을 확인합니다. 메뉴에서 **(파일)** → **저장** (Ctrl + S)을 실행하여 '글자 넣기_완성.psd'로 저장합니다.

이모티콘 저장하기

완성한 이모티콘을 저장합니다. 용도에 맞춰 저장할 알맞은 확장자를 선택합니다. 파일이 날아가는 것을 방지하기 위해 PSD는 수시로 저장하는 것이 중요합니다.

1.
이모티콘에
필요한
파일 형식
알아보기

GIF

애니메이션을 구현할 수 있는 이미지 파일 형식입니다. 움직이는 이모티콘 제작에서 사용합니다. 특징은 최대 256색까지 저장할 수 있습니다. 많은 색을 사용한 그림에서는 색이 손실됩니다. 그러데이션을 사용한 경우 색이 매끄럽게 이어지지 않는 계단 현상이 일어날 수 있습니다. 배경을 투명으로 저장하는 경우에도 테두리가 부드럽게 처리되지 않고 흰색의 잔여 색이 생깁니다. 색상 표현력이 떨어지는 것이 단점으로 여러 플랫폼에서는 대략적인 이미지를 확인하는 제안 단계에서만 사용하는 파일 형식입니다.

PNG

테두리가 부드럽게 처리되는 안티앨리어싱을 지원해 배경을 투명으로 저장하더라도 깔끔하게 저장됩니다. 압축률도 높아 웹에서 널리 사용하고 있습니다. 저장하는 색의 개수에 따라 PNG 8bit, PNG 24bit로 나누어집니다. 8bit의 경우 최대 256개의 색상을 지원하며 24bit의 경우 색 제한 없이 원본의 색을 모두 저장합니다.

APNG

PNG를 확장한 이미지 파일 형식입니다. GIF와 비슷한 방법으로 애니메이션을 구현하면서 기존 높은 화질의 PNG 파일 형식 특성을 유지하기 때문에 GIF보다 더 높은 품질로 저장됩니다. 밴드, 라인 등에서 움직이는 이모티콘의 이미지 최종 파일로 사용합니다. 이모티콘의 프레임을 PNG로 저장한 후 'APNG Assembler' 프로그램을 사용해 저장할 수 있습니다.

WEBP

구글이 개발한 애니메이션 구현 파일 형식입니다. 카카오에서 움직이는 이모티콘의 이미지 최종 파일로 사용합니다. APNG와 같이 프레임을 PNG로 저장한 후 카카오에서 제공 받은 프로그램을 사용해 WEBP 파일로 저장합니다.

PSD

어도비 포토샵에서 사용하는 파일 형식입니다. 승인 이후 상품화 과정이 진행되는 카카오, 밴드 플랫폼에서 최종 파일로 사용합니다.

2.
PNG
저장하기

01 | PNG로 저장할 파일을 준비합니다. 규격 크기보다 큰 크기로 작업했으면 규격 크기로 먼저 변경합니다. 배경이 투명한 이미지로 저장하기 위해 레이어 패널에서 '배경' 레이어의 '눈' 아이콘( )을 클릭합니다.

| + **TIP** +   이모티콘 규격 크기 변경은 P.169를 참고하세요.

02 | 메뉴에서 **(파일) → 내보내기 → 웹용으로 저장(레거시)**을 실행합니다.

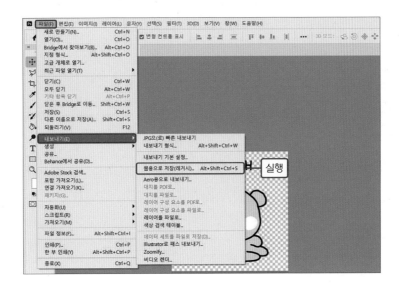

03 | 웹용으로 저장 대화상자가 표시되면 'PNG-24'로 지정하고 '투명도'를 체크 표시한 다음 〈완료〉 버튼을 클릭합니다.

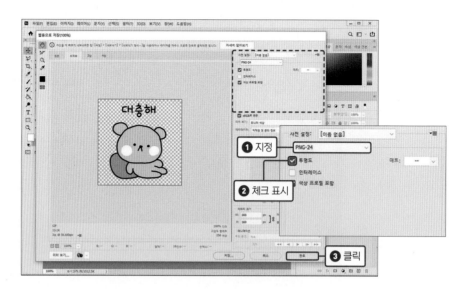

04 | 저장 위치와 파일 이름을 지정한 다음 〈저장〉 버튼을 클릭합니다.

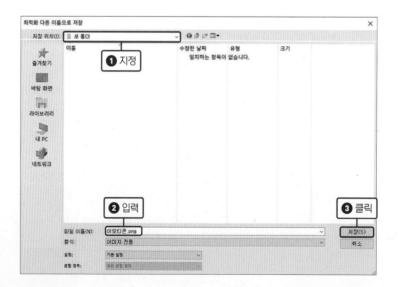

3. PSD 저장하기

01 | 메뉴에서 **(파일)** → **다른 이름으로 저장**을 실행합니다.

02 | 저장 위치와 파일 이름, 파일 형식을 'Photoshop'으로 지정한 다음 〈저장〉 버튼을 클릭합니다.

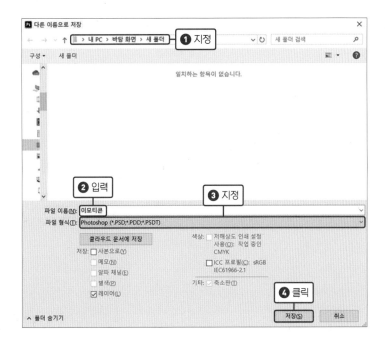

멈춰있는 이모티콘 그리기

이모티콘을 그립니다. 하단에 이모티콘이 나타내는 감정과 상황을 적어 겹치는 메시지가 없는지 확인합니다.
겹친 메시지는 동작과 문구가 직관적으로 구분이 되도록 구상합니다.

멈춰있는 이모티콘에 움직임을 주어 생동감 있는 움직이는 이모티콘을 만듭니다. 이모티콘에 적용하기 좋은 다양한 애니메이션 기법으로 어색하고 딱딱한 움직임이 아닌 자연스러운 움직임을 만들어 보세요. 움직임만 다르게 주어도 개성 있는 이모티콘을 만들 수 있습니다.

PART 06

움직이는

이모티콘

작업하기

CHAPTER 01 | 생동감 있는 애니메이션 비법

내가 만든 이모티콘 움직임은 왜 이렇게 어색할까? 자연스러운 움직임 연출에 도움이 되는 애니메이션 원리와 다채로운 움직임을 만드는 방법을 알아보겠습니다.

애니메이션의 기본 원리

모든 이모티콘에서 사실적인 움직임이 필수 조건은 아니지만, 캐릭터형 이모티콘에서 자연스러운 애니메이션은 상품성을 높일 수 있습니다. 몇 가지 애니메이션 기법을 적용해서 제작하면 적은 프레임 수에도 자연스러운 움직임을 줄 수 있어 무조건 많은 프레임으로 움직임을 연출하는 것보다 효율적인 작업을 할 수 있습니다. 기본 원리를 배우고 내 캐릭터에 응용하면서 나만의 움직임 노하우를 찾아봅니다.

1. 원화와 동화 이해하기

원화는 움직임 표현의 중심이 되는 이미지로 애니메이션에서 주요 동작을 표현하는 프레임을 의미합니다. 동화는 원화 프레임 사이사이를 쪼개 자연스럽게 연결하는 동작을 표현한 이미지입니다.

움직이는 이모티콘의 프레임을 예제로 원화와 동화를 살펴보겠습니다.

├── 원화 ──┤ ├────────── 동화 ──────────┤ ├── 원화 ──┤

고개를 기울이며 '네?' 하고 대답하는 이모티콘입니다. 고개를 기울이기 전 정자세의 모습과 고개를 완전히 기울인 모습이 움직임의 중심이 되는 원화입니다. 고개를 점점 기울이는 이미지들이 원화들을 자연스럽게 연결하는 동화가 되는 것입니다.

동화가 많아질수록 끊김 없이 부드러운 움직임을 만들 수 있습니다. 저의 경우, 움직임을 처음 연습할 때는 동화를 많이 만들면서 애니메이션에 익숙해졌습니다. 저의 초반 이모티콘인 '눈치 보는 봉구'와 '삐욕이는 화났삐욕'을 작업할 때 카카오 이모티콘의 최대 프레임 수 24개를 꽉 채워서 제작한 애니메이션이 대부분이었습니다. 그렇게 점차 연습을 하며 지금은 6프레임, 8프레임의 적은 프레임으로도 자연스러운 움직임을 표현하기도 합니다. 처음부터 적은 프레임으로 연습하지 말고 최대한 많은 프레임으로 자연스럽게 표현하고 점차 생략할 부분은 생략하면서 프레임을 줄이는 것이 애니메이션에 익숙해지는 저만의 방법이었습니다.

원화와 동화가 어떤 의미인지 파악했으면 원화와 동화를 사용해 차근차근 프레임을 그릴 수 있습니다. 애니메이션을 작업하는 데에는 두 가지 방식이 있습니다.

포즈 투 포즈(Pose to pose)

포즈 투 포즈(Pose to pose)는 움직임의 포인트가 되는 원화 프레임을 먼저 그리고 프레임 사이에 연결되는 동화 프레임을 그려 움직임을 완성하는 작업 방식입니다.

먼저 원화 프레임을 그려 전체 움직임의 구성을 확인한 후 원화와 원화를 연결하는 동화 1을 그립니다. 더욱 자연스럽게 움직이기 위해 원화 1과 동화 1을 연결하는 동화 2, 동화 1과 원화 2를 연결하는 동화 3을 그립니다. 이처럼 동화를 분할하며 추가할수록 끊어지지 않고 자연스러운 움직임을 만들 수 있습니다.

원화 작업으로 미리 동작을 확인한 후 단계별로 점검하며 제작하기 때문에 흔들림 없이 계획한 대로 움직임을 연출할 수 있어 작업의 효율성이 높습니다. 주로 캐릭터의 큰 동작 애니메이션 작업에서 많이 사용하며 상황을 표현하기 위해 어떻게 원화를 그리는지에 따라 전체 애니메이션 동작을 좌우하게 됩니다.

스트레이트 어헤드(Straight ahead)

교과서 귀퉁이 한 장씩 그림을 그려 작은 애니메이션을 만들었던 경험 있으신가요? 스트레이트 어헤드는 이처럼 원화와 동화를 나누지 않고 프레임 순서대로 한 장씩 그리는 방식입니다. 움직이는 순서대로 모든 동작을 그리기 때문에 의도치 않게 재미있는 동작이 연출될 수 있습니다.

불, 물, 연기와 같은 자연적 움직임이나 캐릭터 동작에 따라오는 흩날리는 머리카락, 펄럭이는 동물의 귀, 옷과 같은 부수적인 움직임에는 스트레이트 어헤드 방식을 사용합니다. 주로 정해진 경로 없이 자연적으로 움직이는 동작에 적합합니다.

하지만 앞, 뒤 두 프레임을 참고하며 사이 프레임을 그리는 포즈 투 포즈와 달리 스트레이트 어헤드는 앞 프레임만을 참고하여 형태를 예측하면서 그리기 때문에 고유의 형태를 유지하기 어렵습니다. 또한, 움직임의 계획을 세우고 작업하는 것이 아니어서 프레임 수가 의도치 않게 늘어날 수도 있습니다. 큰 움직임의 형태는 계획한 대로 작업할 수 있는 포즈 투 포즈 방식으로 작업하고 부수적인 움직임은 스트레이트 어헤드 방식으로 작업하는 것처럼 두 작업 방식을 필요에 따라 섞어서 사용하는 것이 효율적인 작업으로 움직임을 표현할 수 있습니다.

2. 속도감 조절하기

모든 물체는 항상 같은 속도로 움직이는 것이 아니라 속도가 빨라지고 느려지는 가속과 감속이 진행됩니다. 마찬가지로 움직이는 이모티콘을 만들 때도 어떠한 동작이 진행될 때 처음부터 끝까지 같은 속도로 움직이면 매우 어색하고 재미없는 움직임으로 보입니다. 속도감 조절을 통해 자연스러운 움직임을 주거나 과장된 움직임을 만들 수 있습니다. 매끄럽게 움직이지만 어딘가 재미없어 보이는 움직임이라면 속도감을 조절해 보세요.

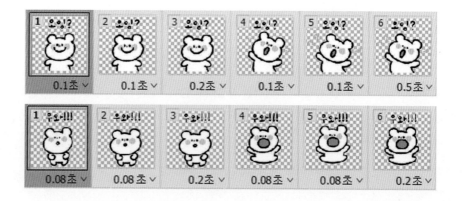

속도감을 조절하는 방법에는 두 가지가 있습니다. 첫 번째는 포토샵으로 제작할 때 타임라인의 지속 시간을 활용하는 것입니다. 포토샵은 다른 애니메이션을 지원하는 프로그램인 클립스튜디오, 프로크리에이트, 애니메이트와 달리 각 프레임의 지속 시간을 초 수로 설정할 수 있습니다. 각 프레임별로 빨리 지나가야 하는 프레임은 초 수를 적게 하고 느리게 지나가야 하는 프레임은 초 수를 늘리면서 간편하게 설정할 수 있습니다.

두 번째 방법은 동화를 그릴 때 생략을 이용하는 방법입니다. 원화 사이에 같은 간격으로 쪼개진 동화가 아닌 속도가 느려지는 부분은 동화 수를 늘리고 속도가 빨라지는 부분은 동화 수를 적게 제작하는 것입니다. 프레임 이미지가 서로 겹쳐지고 프레임 이미지가 떨어지며 생기는 간격에 집중하며 제작합니다. 같은 지속 시간으로 재생해도 속도감이 나타납니다. 처음에는 어느 부분의 동화를 늘려야 할지 감이 잘 오지 않더라도 연습하면 적은 프레임 수로도 자연스러운 애니메이션을 만들 수 있어 굉장히 효율적인 작업 방법입니다.

원화 사이의 중간 지점을 생략하고 1번 원화와 가까운 동화 1과 2번 원화와 가까운 동화 2를 그립니다. 애니메이션으로 확인하면 뚝뚝 끊기는 것이 아닌 확확 지나가는 역동적이고 재미있는 움직임이 만들어집니다.

3. 움직임에 따른 형태 변형하기

애니메이션 이론에서 스쿼시 앤 스트레치(Squash&Stretch)라고 만화적 요소에서 가장 많이 사용하는 기법입니다. 캐릭터가 움직임에 따라 늘어나고 줄어드는 것을 의미합니다. 움직임에 따른 형태 변형으로 움직임 표현을 더욱 사실적이고 자연스럽게 제작할 수 있습니다. 특히 단단하고 무거운 성질인지 말랑말랑하고 유연한 성질인지 성질의 차이를 나타낼 수 있습니다. 뻣뻣하고 딱딱한 움직임에서 벗어나 말랑말랑하고 유연한 움직임을 연출하고 싶으면 형태 변형 원리를 적극적으로 활용합니다.

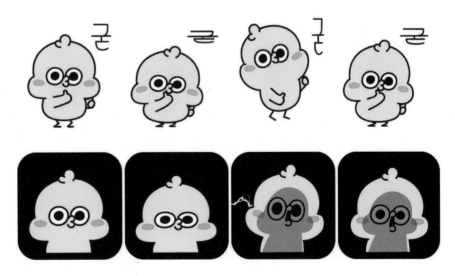

제 이모티콘 중 특히 '삐욕이 화났삐욕'과 '흔한칭긔'에서 이 기법을 적극적으로 활용
했습니다. 동글동글한 캐릭터 형태에 맞춰 말랑말랑하고 탄력 있는 움직임으로 보이
게끔 제작했습니다. 지켜야 할 점들과 예시를 보며 자세히 살펴볼까요?

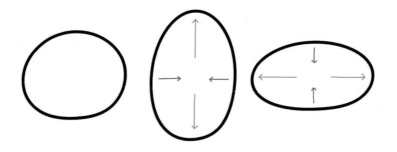

이 원리를 사용할 때 주의할 점이 있습니다. 형태를 늘리거나 납작해지더라도 고유의
부피감은 그대로 유지해야 하는 것입니다. 찰흙을 가지고 놀았을 때를 생각하면 찰흙
을 손으로 눌렀을 때 눌린 만큼 옆으로 퍼지게 되고 늘렸을 때는 늘린 만큼 폭이 줄어
들게 됩니다. 이처럼 늘어날수록 좁아져야 하고 납작해진 만큼 넓어져야 합니다. 만약
부피감을 유지하지 않으면 단순히 커지고 작아지고의 크기 변형만 일어날 뿐입니다.

스퀴시와 스트레치가 동작 중 언제 일어날지 표현하기 어려우면 속도와 힘을 생각합
니다. 캐릭터가 어떠한 동작을 하기 위해 힘을 응축했을 때 형태가 납작해지고 새로
운 동작을 하며 힘을 분출했을 때 늘어나게 됩니다. 또, 가속도가 붙어 속도가 빨라질
때 늘어나고 속도가 급격하게 느려질 때 납작해집니다. 실제 이모티콘에 적용할 수
있는 몇 가지 동작들을 살펴보겠습니다.

고개 끄덕이기

고개를 끄덕이는 모습에 적용해 보겠습니다. 고개가 밑으로 내려갔을 때 납작하게 형태 변형을 주고 고개를 위로 올렸을 때는 세로로 길쭉하게 형태를 늘렸습니다. 최대로 납작해질 때와 최대로 늘어났을 때 프레임에 약간의 딜레이를 주면 고개를 흔들 때 생기는 가속도의 속도감도 느껴지게 됩니다. 마치 스프링이 들어 있는 인형처럼 재미있는 움직임을 확인할 수 있습니다.

눈 감고 뜨기

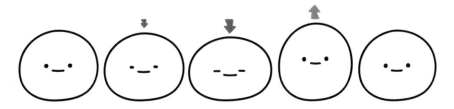

눈을 감고 뜨는 동작에 적용한 모습을 살펴보겠습니다. 눈을 감고 뜨는 동작을 구현할 때 단순히 캐릭터의 눈만 감았다, 떴다 움직이는 것이 아니라 눈이 감기는 타이밍에 맞춰 얼굴 전체가 납작하게 찌그러지고 눈이 떠지는 타이밍에 맞춰 튕기듯이 늘어납니다. 그리고 다시 원상태로 돌아옵니다.

추가로 눈을 감고 뜰 때를 생각하면 눈을 감는 동작이 눈을 뜨는 동작보다 느리게 진행되는 것을 알 수 있습니다. 이 점을 활용해 눈을 감을 때는 동화를 한 프레임 더 추가해 속도 조절도 함께 적용했습니다. 실제 일어나는 동작을 그대로 혹은 더 과장해서 이모티콘에 적용해 봅니다.

점프하기

점프 동작에 적용한 모습을 살펴보겠습니다. 점프 직전 힘을 모으기 위해 몸을 압축하면서 찌그러지고 몸이 늘어나면서 점프를 합니다. 중간 지점에서 원상태로 돌아온 후 착지를 할 때 찌그러집니다. 그리고 다시 원상태로 돌아옵니다.

4. 준비 동작 넣기

준비 동작은 움직임을 주기 직전, 움직임이 이루어지는 방향과 반대되는 방향으로 움직이는 동작을 의미합니다. 움직이기 전 예비 동작으로 앞으로 나올 동작을 미리 표현하는 것입니다. 예를 들어 발로 공을 찰 때 발을 앞으로 차기 전 진행 방향의 반대 방향인 뒤로 발을 빼는 동작을 하는 것이 바로 준비 동작입니다. 점프를 하기 전 무릎을 구부려 힘을 모으는 동작도 준비 동작입니다. 준비 동작을 추가하면 더욱 현실감 있는 동작을 연출할 수 있습니다.

구상한 움직임에서 어떤 준비 동작이 들어가야 할지 잘 모르겠을 때는 어떤 준비 동작이 들어가야 몸이 자연스럽게 움직이는지를 생각하며 직접 몸을 움직여 보면 큰 도움이 됩니다. 이모티콘에 적용된 모습을 살펴보겠습니다.

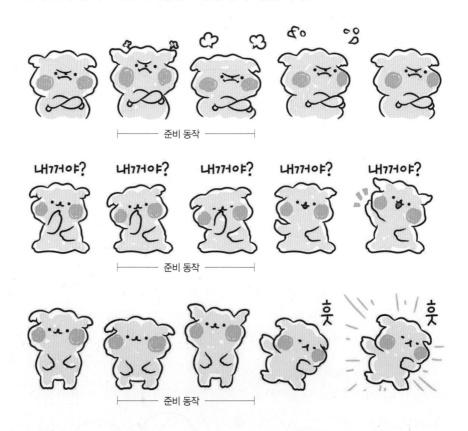

A 자세에서 B 자세로 변화를 주기 직전 몸이 응축되며 힘을 모으는 동작을 준비 동작으로 볼 수 있습니다. 이때 준비 동작에서 움직임에 따른 형태 변형 기법을 추가해 납작해짐을 표현하면 좀 더 역동적인 느낌을 줄 수 있습니다.

5. 움직임의 반동 주기

반동이란 어떤 작용에 대하여 그 반대로 작용하는 동작을 의미합니다. 물체는 힘의 방향으로 움직이게 되는데 동작을 갑자기 바꾸게 되면 일시적으로 남아 있는 힘의 방향으로 인해 반동이 생깁니다.

달리기하다 급하게 멈춘다고 생각을 해 보면 멈추려고 생각한 지점에서 바로 멈추지 못하고 진행하던 방향으로 몸이 휘청이며 멈추게 됩니다. 이런 특성을 움직임에 적용합니다. 미세한 차이지만 제자리에서 바로 멈추는 것보다 자연스러운 느낌을 줄 수 있습니다. 재미를 위해 반동을 더 심하게 줄 수도 있습니다. 움직임의 자연법칙을 과장해서 표현하면 캐릭터가 살아 있는 것처럼 생생하게 표현할 수 있습니다.

몸 전체의 움직임에 따라 반동을 줄 수도 있고 볼살이 많은 귀여운 캐릭터 이모티콘이라면 볼살의 반동으로 출렁거리는 움직임을 귀여운 매력으로 어필할 수 있습니다.

적용된 이모티콘 프레임

책상 아래에서 점프하며 나오는 이모티콘에 반동을 적용했습니다. 단순하게 아래에서 위로 이동하고 끝날 수도 있지만 좀 더 재미 요소를 추가하기 위해 3프레임에서 가장 위로 나온 후 4프레임에서 원래 있던 방향인 아래로 다시 조금 들어가고 5프레임에서 다시 반대 방향으로 올라오면서 반동을 주었습니다. 빠른 속도로 이렇게 방향을 바꾸거나 동작을 멈추면 힘의 방향에 갑자기 변화가 생겨 자연스럽게 반동이 일어납니다. 반동에 의해서 반대 방향으로 튕겨 나간 후 제자리로 돌아온다고 생각하면 됩니다.

글자 움직임 주기

이모티콘의 움직임이 단조로워 보이거나 문구를 강조할 때 사용하기 좋은 글자의 움직임 방법들입니다. 지나치게 역동적인 글자 움직임은 가독성이 떨어지기 때문에 적절하게 사용하는 것이 좋습니다.

1.
투명도
조절하기

투명한 상태에서 점점 불투명도를 조절해 서서히 나타납니다. 반대로 서서히 사라지는 효과를 줄 수도 있습니다. 느리고 무기력한 메시지의 이모티콘에 많이 사용합니다.

2.
커지면서
나타나기

글자가 점점 커지면서 나타납니다. 좀 더 재미를 주려면 반동을 줄 수 있습니다.

3.
확대하기

강조 효과로 캐릭터 동작에 맞춰 글자가 커지고 작아지면서 움직입니다.

4.
옆으로
이동하기

'ㅋㅋㅋ' 웃는 이모티콘, 박수, 빨리 말하는 콘셉트 이모티콘에 많이 사용합니다. 이모티콘 창에서 넘어가도록 글자를 길게 적은 후 한 프레임씩 옆으로 조금 이동합니다.

5.
찌글찌글한
효과 주기

난 네 편이야!

손글씨로 연출할 수 있는 글자 움직임입니다. 손 그림 형태의 이모티콘에 많이 사용합니다. 같은 위치에 글자를 2~3번 그린 다음 1프레임씩 나타납니다. 찌글찌글 움직이는 것 같은 효과를 줄 수 있습니다.

6.
작게
흔들리기

가장 간단하게 줄 수 있는 움직임입니다. 1프레임씩 좌우 혹은 상하로 2~4px씩 이동하여 작게 흔들리는 효과를 줄 수 있습니다.

캐릭터 움직임을 강조하기 위해 만화적 효과의 움직임을 추가합니다. 감정, 상황에 따라 다양한 효과를 연출할 수 있습니다.

1.
반짝이는
효과 그리기

감동, 부탁 등의 메시지 이모티콘에 많이 사용하는 효과입니다. 반짝이는 효과는 캐릭터 움직임에 따라 세밀하게 그리고 싶으면 단계를 여러 단계로 나누어 자연스럽게 이어지게 제작합니다. '생성 → 확대 → 분산 → 소멸' 4단계의 움직임을 줄 수 있습니다. 또는, 간단하게 연출하려면 크고 작은 크기 변화로 반짝이는 효과를 그릴 수 있습니다. 캐릭터 움직임 스타일에 어울리도록 효과를 연출합니다.

2.
효과선
그리기

고개를 끄덕이거나 팔을 흔들며 인사 혹은 흔들리는 물체 주변으로 사용하는 효과선입니다. 하나의 궤도로 움직이는 선은 프레임별로 조금씩 이어 그리면 재생했을 때 선이 흔들리거나 일정하게 그리기가 어렵습니다. 그래서 저는 선이 이동하는 전체의 궤도를 한 번에 그린 후 한 프레임씩 보이는 부분을 제외하고 지웁니다. 이 방법이 좀 더 빠르고 정확하게 작업하는 방법입니다.

3.
연기 효과 그리기

달리기, 점프, 분노, 방귀 동작 등에서 사용하는 연기 효과입니다. '생성 → 확대 → 분산 → 소멸' 단계로 나누어 그릴 수 있습니다. 생성 → 확대 → 분산 단계에서 점점 오른쪽으로 이동하며 그립니다. 추가로 분산 단계에서 투명도를 조절하면 좀 더 자연스럽게 사라집니다.

4.
나타나는 효과 그리기

뽕 하고 나타나는 효과입니다. 캐릭터의 하트, 별 등 다양하게 활용할 수 있습니다. 첫 프레임에서는 효과를 넣지 않고 두 번째 프레임부터 작은 크기에서 점점 커지도록 그립니다. 이때 일정한 크기로 커지는 것 보다 중간 단계는 생략하는 것이 뽕 하고 나타나는 재미있는 연출이 만들어집니다. 마지막 프레임은 가장 커진 효과에서 크기를 조금 작게 줄입니다. 재생하면 반동을 느낄 수 있습니다.

5.
동작 흐리기 효과 주기

포토샵에서 빠르게 움직이는 프레임에 적용할 수 있는 흔들림 효과입니다. 격렬한 움직임을 표현할 수 있습니다.

01 레이어 패널에서 동작 흐리기 효과를 줄 레이어를 선택한 다음 메뉴에서 **(필터)** → **흐림 효과** → **동작 흐림 효과**를 실행합니다.

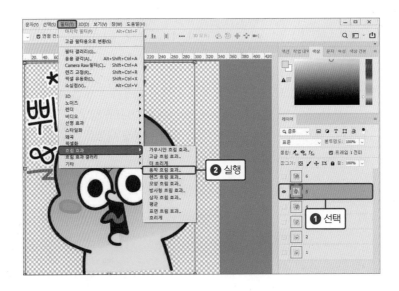

02 동작 흐림 효과 대화상자가 표시되면 '미리 보기'를 체크 표시하고 이미지를 보며 각도, 거리를 설정합니다. 각도는 동작의 이동 방향과 같게 설정하는 것이 자연스럽습니다.

자주 쓰이는 동작 그리기

이모티콘에 가장 많이 사용되는 두 가지 동작을 그리면서 움직이는 동작에서 중요한 점을 살펴봅니다.

**1.
달려가는
동작**

달리는 동작을 그릴 때 몸통은 고정한 채 팔, 다리만 움직임을 주는 경우가 있습니다. 그러면 몸이 벽에 붙어 있는 것 같은 부자연스러운 모습으로 그려집니다. 아래 지켜야 할 점들을 참고하여 자연스러운 달리기 동작을 그려 봅니다.

❶ 몸통은 진행 방향 쪽으로 기울어진 모습으로 달리기를 합니다.

❷ 반대쪽 팔과 다리가 앞으로 나오고 뒤로 나옵니다.

❸ 발이 땅에 닿아 있는 것처럼 가이드 선을 그리고 발의 위치를 맞춥니다.

❹ 다리가 접히고 펴지는 것에 따라 몸통의 상하 높이 차이가 생깁니다. 다리가 굽혀지면 굽혀진 만큼 몸통이 아래로 내려가야 하고 한쪽 다리가 뻗어 있을 때는 높이가 높아야 합니다.

❺ 캐릭터 성격에 따라 팔의 움직임, 보폭, 높이 등을 변화하면서 달리기 동작을 그려 봅니다.

이모티콘에 적용한 모습

2.
인사하는
동작

가장 기본적인 표현인 인사 동작입니다. 팔을 흔들며 인사하는 동작을 그릴 때 주의
할 점은 우리가 팔을 직접 흔들며 인사하는 동작을 하면 옷이 팔에 따라가고 몸이 팔
의 이동에 따라 같이 기울어집니다. 이런 식으로 단순히 팔만 흔드는 것이 아니라 팔
이 이어져 있는 몸도 함께 움직임을 구상해 전체적인 움직임을 주는 것이 자연스럽습
니다.

이모티콘에 적용한 모습

CHAPTER 02 | 움직이는 이모티콘 만들기

멈춰있는 이모티콘을 그린 후 이미지를 변형하고 새로운 이미지를 그리며 프레임을 쌓아 자연스럽게 움직이는 이모티콘을 만들 수 있습니다. 포토샵으로 움직이는 이모티콘을 만드는 방법을 살펴보겠습니다.

◉ 06 폴더에서 해당 예제\완성 파일을 확인할 수 있습니다.

STEP 01   작업 순서 알아보기

01 ┃ 06 폴더에서 '작업 순서.psd' 파일을 불러옵니다. 예제 파일에서는 편리를 위해 '원화 1'과 '원화 2'가 그려져 있습니다. 포즈 투 포즈(Pose to pose) 기법을 사용해 움직임의 주가 되는 원화 1을 먼저 그립니다. 고개를 숙여 인사하는 움직임에서는 서 있는 모습이 원화 1, 고개를 완전히 숙인 모습이 원화 2가 됩니다.

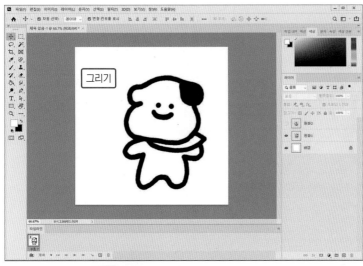

▲ 원화 1   ▲ 원화 1

02 │ 레이어 패널에서 '원화' 레이어들의 불투명도를 낮게 조절합니다.

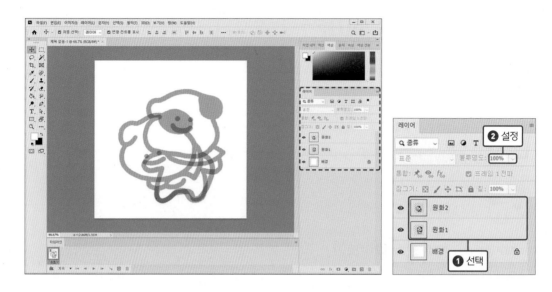

03 │ 레이어 패널에서 '새 레이어 만들기' 아이콘(⊞)을 클릭한 다음 원화 프레임의 중간을 이어줄 수 있
도록 앞뒤 원화 프레임을 참고하여, 원화 1과 원화 2 사이에 1차 동화 프레임을 그립니다.

04 | 원화와 동화 프레임을 이어주는 2차 동화 프레임을 그립니다. 동화를 추가할수록 연결이 자연스러운 움직임이 만들어집니다.

05 | 메뉴에서 (창) → **타임라인**을 실행합니다. 타임라인 패널이 표시되면 프레임을 추가하고 각 프레임에 해당하는 레이어만 제외하고 모든 레이어의 '눈' 아이콘(◉)을 클릭하여 보이지 않게 합니다. 타임라인 패널 하단의 '재생' 아이콘(▶)을 클릭하여 움직임을 확인합니다.

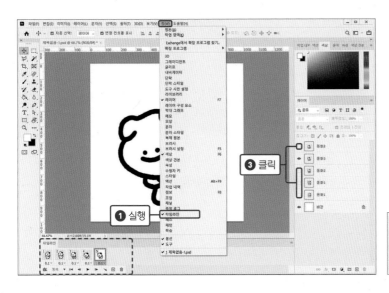

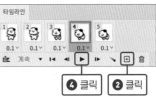

| **+ TIP +** 타임라인을 사용하는 자세한 방법은 P.241~P.250을 참고합니다.

06 움직임을 완성했으면 레이어 패널에서 각 레이어의 이모티콘 색을 칠해 마무리합니다. 메뉴에서
(파일) → **저장**([Ctrl]+[S])을 실행하여 '작업 순서_완성.psd'로 저정합니다.

프레임 변형 방법 알아보기

원화 프레임을 참고하며 동화 프레임을 브러시 도구로 새로 그릴 수도 있지만 복제한 원화 프레임을 변형하여
동화 프레임으로 만들 수 있습니다. 다양한 이미지 변형 방법을 살펴보겠습니다.

**1.
이동 도구
설정**

06 폴더에서 '프레임 변형 1.psd' 파일을 불러옵니다. 옵션바에서 '자동 선택'을 체크
표시하고 레이어로 지정한 다음 '변형 컨트롤 표시'도 체크 표시합니다. 자동 선택을
레이어로 지정하면 레이어의 이미지를 캔버스에서 바로 선택할 수 있어 효율적입니
다. 체크 해제할 경우 레이어 패널에서 레이어 이름을 선택합니다. 변형 컨트롤 표시
는 선택한 레이어의 조절점이 표시되어 손쉽게 변형할 수 있습니다.

**2.
회전하기**

06 폴더에서 '프레임 변형 1.psd' 파일을 불러옵니다. 레이어 패널에서 레이어를 선
택한 다음 표시되는 조절점의 모서리 가까이에 마우스 커서를 대면 '회전' 아이콘(↱)
으로 커서가 변경됩니다. 커서가 변경된 상태에서 드래그하여 회전합니다. 회전한 다
음 Enter를 누릅니다.

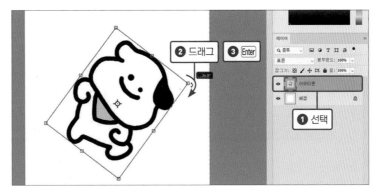

3.
크기
조정하기

06 폴더에서 '프레임 변형 1.psd' 파일을 불러옵니다. 레이어 패널에서 레이어를 선택한 다음 표시되는 조절점의 모서리 위에 마우스 커서를 대면 '크기' 조절 아이콘(⟍)으로 커서가 변경됩니다. 커서가 변경된 상태에서 드래그하여 크기를 조절합니다. 조절한 다음 Enter를 누릅니다.

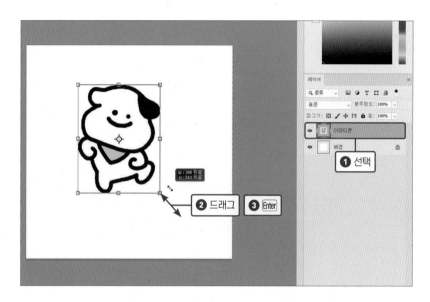

| **+ TIP +**   크기 조정 시 이미지의 원본 비율이 유지되지 않는 경우 Shift를 누르며 드래그하여 조절합니다.

4.
왜곡하기

01 | 06 폴더에서 '프레임 변형 1.psd' 파일을 불러옵니다. 레이어 패널에서 레이어를 선택한 다음 Ctrl+T를 눌러 자유 변형 상태로 만듭니다.

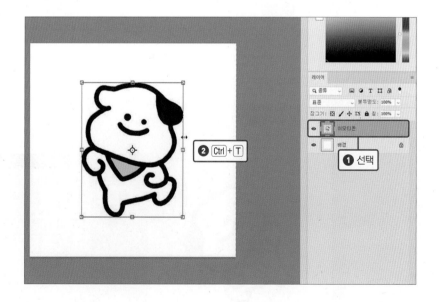

02 | 이미지에 마우스 오른쪽 버튼을 클릭한 다음 **(왜곡)**을 실행합니다.

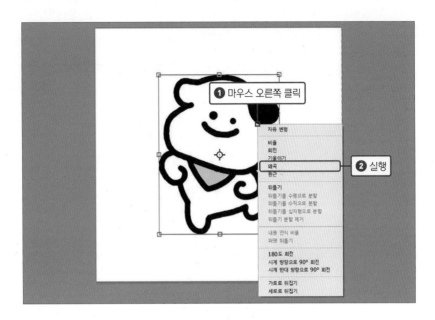

03 | 8개의 점 중 선택하여 드래그해서 원하는 형태로 왜곡합니다. 변형한 다음 Enter 를 눌러 이모티콘의 변형을 완성합니다.

01 | 06 폴더에서 '프레임 변형 1.psd' 파일을 불러옵니다. `Ctrl`+`T`를 눌러 자유 변형 상태에서 이미지에 마우스 오른쪽 버튼을 클릭한 다음 (**가로로 뒤집기**) 또는 (**세로로 뒤집기**)를 실행합니다.

02 | `Enter`를 눌러 이모티콘의 뒤집기를 완성합니다.

6.
지우기

지우개 도구 사용하기

01 | 06 폴더에서 '프레임 변형 2.psd' 파일을 불러옵니다. 레이어 패널에서 지우려는 이미지의 레이어를 선택한 다음 도구 패널에서 지우개 도구(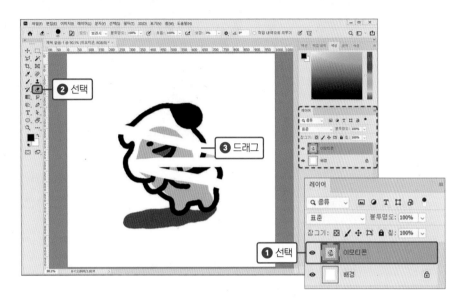)를 선택하고 드래그하여 지워줍니다.

선택한 다음 지우기

01 | 레이어 패널에서 지우려는 이미지의 레이어를 선택한 다음 도구 패널에서 올가미 도구(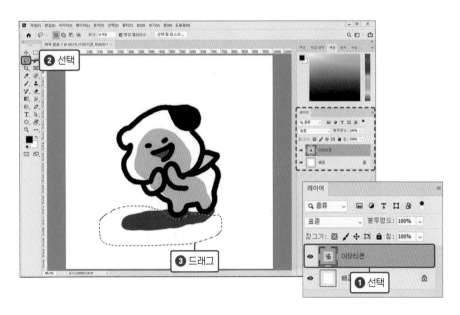)를 선택하고 지울 부분을 드래그하여 선택 영역으로 지정합니다.

02 | Delete 를 눌러 지우려는 부분을 지웁니다.

03 | Ctrl + D 를 눌러 선택 영역을 해제합니다.

타임라인 설정하기

포토샵에서 타임라인 패널을 사용하여 애니메이션 프레임을 만들 수 있습니다. 타임라인 패널을 사용하는 방법을 알아보겠습니다.

1. 타임라인 패널 표시하기

01 │ 06 폴더에서 '타임라인.psd' 파일을 불러옵니다. 메뉴에서 **(창) → 타임라인**을 실행합니다.

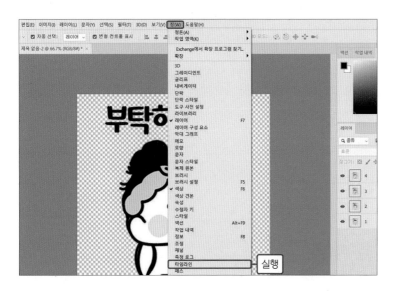

02 │ 타임라인은 비디오 타임라인과 프레임 애니메이션 두 종류가 있습니다. 이모티콘 작업에서는 프레임 애니메이션을 사용합니다. 비디오 타임라인 만들기 오른쪽의 팝업 버튼을 클릭해 '프레임 애니메이션 만들기'로 지정합니다.

03 | 〈프레임 애니메이션 만들기〉 버튼을 클릭합니다.

04 | 프레임 애니메이션 만들기가 준비되었습니다.

· 2. 프레임 레이어 선택

01 │ 프레임 1에 해당하는 레이어의 '눈' 아이콘(◉)을 클릭하여 화면에 표시하고 다른 레이어의 '눈' 아이
콘(◉)을 클릭하여 화면에서 감춥니다. 화면에 표시된 레이어만 해당 프레임에 나타납니다.

│ **+ TIP +**　　　Alt 를 누른 채 레이어의 눈 아이콘을 클릭하면 해당 레이어를 제외한 모든 레이어의 눈이 비활성화됩니다.

02 │ 타임라인 패널에서 프레임 1을 선택하고 하단의 '프레임 복제' 아이콘(▣)을 클릭합니다. 프레임 2가
만들어졌습니다.

03 | 프레임 2에 해당하는 레이어의 '눈' 아이콘(◉)을 클릭하여 화면에 표시합니다.

04 | **01**번~**03**번과 같은 방법으로 프레임을 복제하고 프레임에 해당 레이어를 표시합니다.

3. 프레임 지연 시간 설정

하나의 프레임 또는 여러 프레임을 같은 지연 시간으로 설정할 수 있습니다.

01 │ 타임라인 패널에서 지연 시간을 설정할 프레임을 선택합니다. 한 프레임을 선택하거나 Shift 혹은 Ctrl를 누른 상태에서 선택하여 같은 지연 시간으로 설정할 프레임들을 선택합니다.

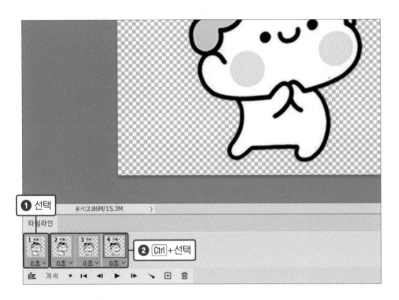

02 │ 프레임 지연 시간을 클릭해 원하는 시간을 지정합니다. 원하는 시간이 없을 경우 **(기타)**를 실행합니다.

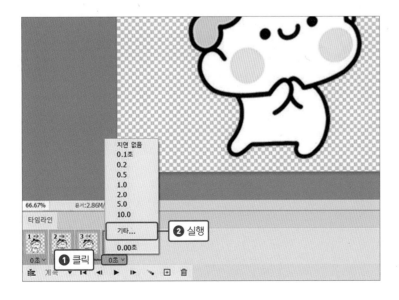

03 │ 프레임 지연 설정 대화상자가 표시되면 원하는 지연 시간을 입력한 다음 〈확인〉 버튼을 클릭합니다. 지연 시간은 초 단위로 표시되며 소수점 두 자리까지 설정할 수 있습니다.

04 │ 입력한 시간으로 프레임 지연 시간이 설정되었습니다.

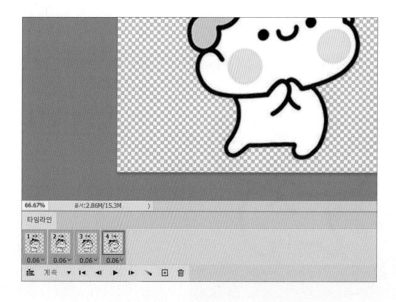

4. 프레임 반복 횟수 지정

01 | 루핑 옵션을 지정하면 애니메이션이 재생될 때 반복되는 횟수를 지정할 수 있습니다. 타임라인 패널 하단 두 번째에 있는 루핑 옵션을 클릭합니다.

02 | 타임라인 패널을 표시하면 기본 '한 번' 반복으로 설정되어 있습니다. 이모티콘 제안에서는 계속 반복이 규정이기 때문에 '계속'으로 지정합니다. 메뉴에서 **(파일)** → **저장**(Ctrl+S)을 실행하여 '타임라인_완성.psd'로 저장합니다.

Why

카카오 이모티콘은 4번 반복되는데 왜 계속 반복으로 지정하나요?

상품화 단계 중 최종 파일은 4번 반복으로 지정 후 전달하지만, 제안 작업에서는 움직임을 확인할 수 있는 시안을 전달하기 때문에 계속 반복으로 지정합니다.

5. 프레임 반전

프레임 옵션 기능을 활용해 간단하게 부메랑 반복 애니메이션을 만들 수 있습니다. 부메랑 반복 애니메이션이란 1-2-3-4-5-4-3-2 프레임 순서처럼 지나갔던 프레임이 되돌아오며 한 동작이 끊김 없이 반복되는 형태의 애니메이션을 의미합니다. 1-2-3-4-5 프레임을 먼저 그린 다음 2-3-4 프레임을 복제해 프레임 반전 기능으로 순서를 반대로 바꿀 수 있습니다.

01 │ 반복적인 움직임이 필요한 이모티콘을 준비합니다. 06 폴더에서 '프레임 반전.psd' 파일을 불러옵니다.

02 │ 타임라인 패널에서 첫 프레임과 끝 프레임을 제외한 중간 프레임을 Shift를 누른 상태로 다중 선택합니다.

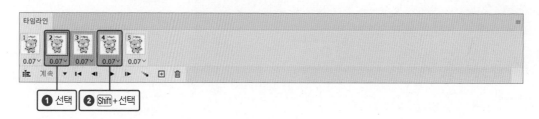

03 | 프레임을 선택한 채로 '프레임 복제' 아이콘()을 클릭하여 복제합니다.

04 | 복제한 프레임을 드래그하여 가장 뒤쪽으로 순서를 이동합니다.

05 │ 타임라인 패널에서 패널 메뉴를 클릭하여 (**프레임 반전**)을 실행합니다.

06 │ 복제한 프레임이 반전되었습니다. 움직임을 확인하면 끊김 없이 앞뒤로 움직이는 동작을 확인할 수 있습니다. 메뉴에서 (**파일**) → **저장**(Ctrl+S)을 실행하여 '프레임 반전_완성.psd'로 저장합니다.

움직이는 이모티콘 만들기

타임라인 설정, 프레임 변형 방법을 종합해 함께 움직이는 이모티콘을 만들어 보겠습니다.

01 | 움직임을 줄 이모티콘을 준비합니다. 06 폴더에서 '이모티콘.psd' 파일을 불러옵니다.

02 | 메뉴에서 (**창**) → **타임라인**을 실행합니다.

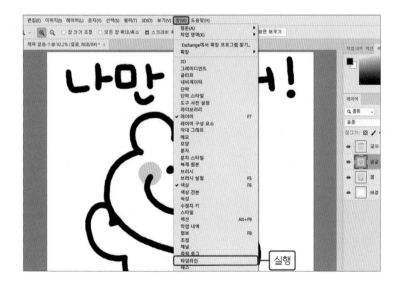

03 | 타임라인 패널에서 프레임 애니메이션 만들기로 지정하고 클릭합니다.

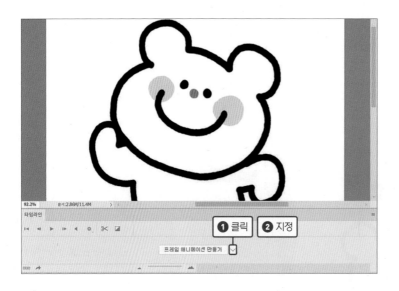

04 | 레이어 패널에서 Shift를 누른 채 캐릭터의 레이어를 다중 선택합니다. Ctrl+G를 눌러 그룹을 만듭니다.

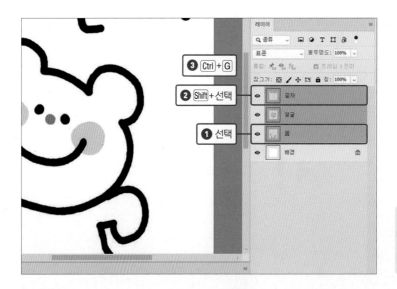

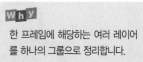
한 프레임에 해당하는 여러 레이어를 하나의 그룹으로 정리합니다.

05 | 레이어 패널에서 그룹 폴더 레이어 이름을 더블클릭해 '1'로 변경합니다. 1프레임을 의미합니다.

06 | 레이어 패널에서 '1' 그룹 폴더 레이어를 선택하고 Ctrl + J 를 눌러 복제합니다. 복제한 그룹 폴더 레이어의 이름을 '2'로 변경합니다.

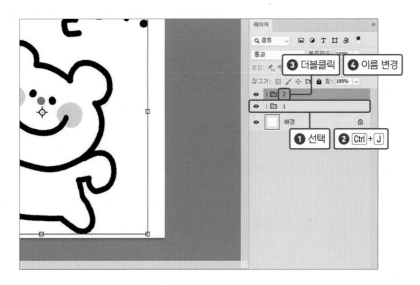

07 | '2' 그룹 폴더 레이어를 변형하기 위해 가이드 역할로 '1' 그룹 폴더 레이어의 불투명도의 값을 낮춥니다.

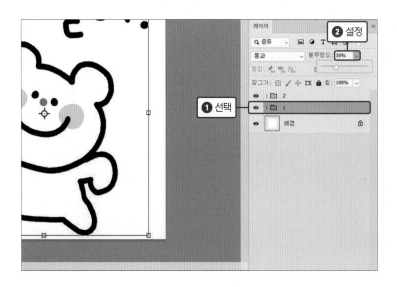

08 | '1' 그룹 폴더 레이어가 선택되지 않도록 레이어 패널에서 '1' 그룹 폴더 레이어를 선택하고 '모두 잠그기' 아이콘(🔒)을 클릭합니다.

09 | '2' 그룹 폴더 레이어를 열고 '얼굴' 레이어를 선택한 다음 Ctrl + T 를 누릅니다. 왼쪽 위에 조절점에 마우스 커서를 대고 드래그하여 회전합니다. 회전한 다음 Enter 를 누릅니다.

10 | '몸' 레이어를 선택한 다음 Ctrl + T 를 눌러 자유 변형 상태로 만듭니다. 마우스 오른쪽 버튼을 클릭한 다음 (가로로 뒤집기)를 실행합니다.

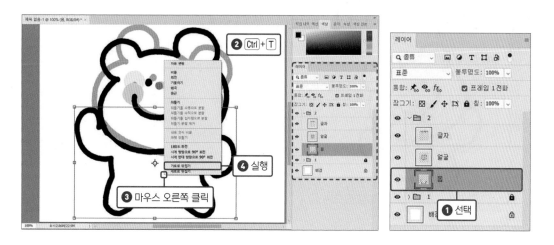

11 | 이동하여 '1' 그룹 폴더 레이어 이미지의 발을 기준으로 발 위치를 맞춥니다. 이동한 다음 Enter를 누릅니다.

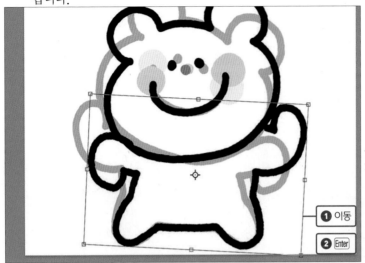

12 | 움직임을 중간 확인하겠습니다. 타임라인 패널에서 '프레임 복제' 아이콘(□)을 클릭하여 프레임을 추가합니다. 프레임 1에 '1' 그룹 폴더 레이어를, 프레임 2에 '2' 그룹 폴더 레이어를 보이게 합니다.

| + **TIP** +   Alt를 누른 채 레이어의 눈 아이콘을 클릭하면 해당 레이어를 제외한 모든 레이어의 눈이 비활성화됩니다.

13 │ 타임라인 패널에서 프레임 지연 시간을 '0.1'초로 지정하여 움직임을 확인합니다. 이 단계에서는 얼굴의 위치, 발의 위치가 어색하지 않은지를 확인합니다.

14 │ 움직임이 자연스러우면 동화 프레임을 만들겠습니다. 레이어 패널에서 '1' 그룹 폴더 레이어를 선택한 다음 Ctrl+J를 눌러 복제합니다.

15 | 복제한 그룹 폴더 레이어의 이름을 '2'로 변경하고 기존의 '2' 그룹 폴더 레이어는 '3'으로 이름을 변경합니다.

16 | '1' 그룹 폴더 레이어와 '3' 그룹 폴더 레이어의 불투명도 값을 낮추고 '모두 잠그기' 아이콘(🔒)을 클릭합니다.

17 | 레이어 패널에서 '2' 그룹 폴더 레이어를 열고 '얼굴' 레이어를 선택한 다음 Ctrl + T 를 누릅니다. '1' 그룹 폴더 레이어와 '3' 그룹 폴더 레이어의 가운데에 오도록 위치를 맞춰 조절점을 드래그하여 회전합니다. 회전한 다음 Enter 를 누릅니다.

18 | '2' 그룹 폴더 레이어에서 '몸' 레이어를 선택합니다. '몸' 레이어의 팔을 중간에 맞춰 그리기 위해 기존의 팔은 도구 패널에서 지우개 도구(🩹)를 선택하여 지웁니다.

19 | '몸' 레이어를 왜곡하여 팔이 중간에 오도록 변형하겠습니다. [Ctrl]+[T]를 눌러 자유 변형 상태에서 마우스 오른쪽 버튼을 클릭하여 **(왜곡)**을 실행합니다.

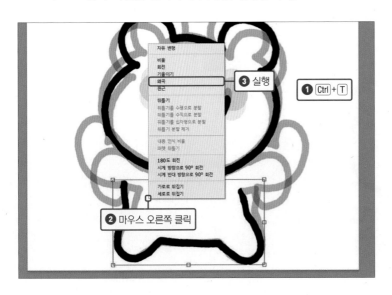

20 | 상단 가운데 조절점을 드래그하여 '1' 그룹 폴더 레이어와 '2' 그룹 폴더 레이어의 몸 중간 위치에 오도록 변형합니다. 변형한 다음 [Enter]를 누릅니다.

21 | 도구 패널에서 브러시 도구()를 선택하여 변형한 '몸' 레이어에 두 팔을 편 상태로 그립니다.

22 | 프레임과 프레임 지연 시간을 지정한 다음 움직임을 확인합니다.

23 | 좀 더 자연스러운 움직임을 위해 첫 프레임과 마지막 프레임을 추가하여 움직임에 따른 형태 변형하기 방법을 적용하겠습니다. 레이어 패널에서 '1' 그룹 폴더 레이어와 '3' 그룹 폴더 레이어를 선택한 다음 Ctrl+J를 눌러 복제합니다.

| **+ TIP +** '움직임에 따른 형태 변형하기' 방법은 P.219~P.222를 참고합니다.

24 | 그룹 폴더 레이어의 이름을 순서에 맞춰 변경합니다.

| **+ TIP +** 프레임 순서가 헷갈리지 않도록 아래에서 위 순서로 레이어 이름을 변경합니다.

25 | '1' 그룹 폴더 레이어를 열고, Shift를 눌러 '얼굴' 레이어와 '몸' 레이어를 다중 선택합니다.

26 | Ctrl+T를 눌러 조절점을 드래그하여 세로로 늘리고 가로로 줄입니다. '2' 그룹 레이어를 가이드 삼아 조금씩 변형합니다. 변형한 다음 Enter를 누릅니다.

27 | '5' 그룹 폴더 레이어의 '얼굴' 레이어와 '몸' 레이어도 '1' 그룹 폴더 레이어와 같이 변형합니다.

28 | 프레임, 프레임 지연 시간을 지정한 다음 움직임을 확인합니다. 자연스럽고 재미있는 움직임이 표현되었습니다.

29 | 이모티콘의 동작을 끊김 없이 반복하기 위해 중간 프레임을 추가하겠습니다. 타임라인 패널에서 Shift를 눌러 프레임2, 3, 4를 선택합니다.

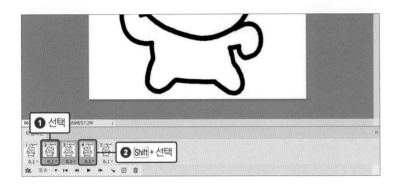

30 | 선택한 상태에서 '프레임 복제' 아이콘(▣)을 클릭하여 복제합니다.

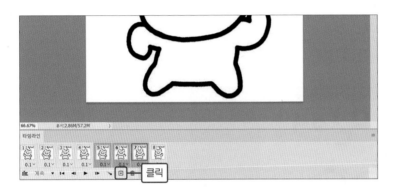

31 | 복제한 3개의 프레임을 맨 끝으로 드래그하여 순서를 이동합니다.

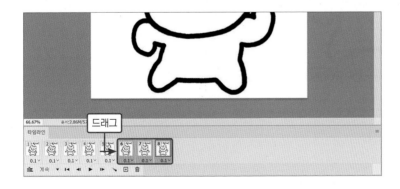

32 │ 타임라인 패널에서 패널 메뉴를 클릭하여 (**프레임 반전**)을 실행합니다.

33 │ 프레임이 추가된 움직임을 확인합니다.

34 │ 움직임 속도가 느리게 느껴지면 타임라인 패널에서 프레임 지연 시간을 짧게 변경합니다.

35 │ 움직임이 완성되었으면 도구 패널에서 브러시 도구()를 선택하여 색을 칠해 완성합니다. 메뉴에서 **(파일) → 저장**((Ctrl)+(S))을 실행하여 '이모티콘_완성.psd'로 저장합니다.

❶ 선택

❷ 채색

❸ Ctrl + S

Why
채색은 움직임이 완성되어 수정할
것이 없을 때 맨 마지막 단계에서
작업합니다.

완성한 움직이는 이모티콘을 저장합니다. 카카오톡 제안에서 필요한 GIF 파일과 카카오톡 상품화 과정에서 필요한 프레임 PNG 이미지를 저장합니다.

1. 움직이는 GIF 저장하기

01 │ GIF 이미지로 저장할 움직이는 이모티콘 파일을 불러옵니다.

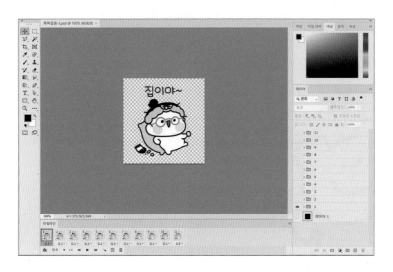

│ ✦ **TIP** ✦   이모티콘 규격 크기 변경은 P.169를 참고하세요.

02 │ 메뉴에서 (**파일**) → **내보내기** → **웹용으로 저장(레거시)**을 실행합니다.

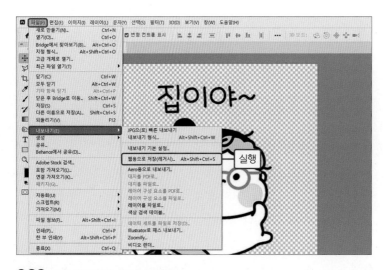

03 | 웹용으로 저장 대화상자가 표시되면 다음과 같은 파일 형식으로 설정한 다음 〈저장〉 버튼을 클릭합니다.

- GIF, 고감도
- 색상 : 256
- 투명도 : 카카오 이모티콘 제작 시 체크 해제(흰색 배경), 타 플랫폼 제작 시 체크 표시(투명 배경)
- 애니메이션 루핑 옵션 : 계속

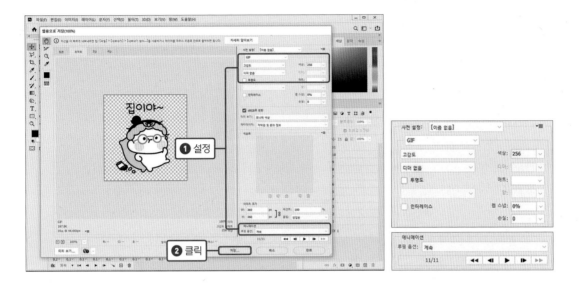

04 | 최적화 다른 이름으로 저장 대화상자가 표시되면 저장할 위치와 파일 이름을 지정한 다음 〈저장〉 버튼을 클릭합니다.

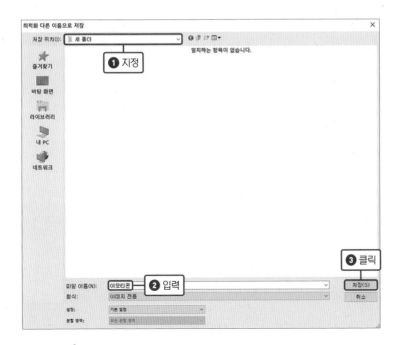

2. 프레임 PNG 한 번에 저장하기

카카오톡 이모티콘, 라인 스티커의 상품화 과정에 필요한 프레임 png 이미지를 한번에 저장하는 방법입니다. 두 가지 방법이 있으며 '이미지 시퀀스 저장' 방법을 추천합니다. 상황에 따라 오류가 생기면 '레이어를 파일로 내보내기' 방법을 사용합니다.

이미지 시퀀스 저장

01 │ 타임라인이 적용된 움직이는 이모티콘을 불러옵니다.

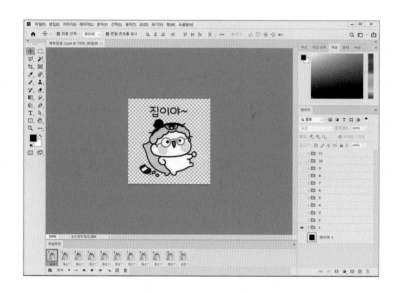

02 │ 타임라인 패널에서 Shift를 눌러 모든 프레임을 선택한 다음 프레임 지연 시간을 '0.1초'로 지정합니다.

❶ 선택

❷ Shift+선택

❸ 지정

Why
한 프레임당 하나의 이미지로 저장하기 위해 프레임 지연 시간을 '0.1초'로 지정합니다. 저장 후 Ctrl+Z 를 눌러 원래 지정한 지연 시간으로 되돌립니다.

03 | 메뉴에서 (파일) → 내보내기 → 비디오 렌더를 실행합니다.

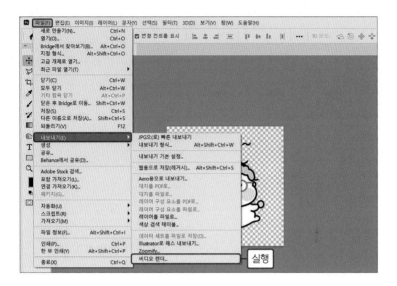

04 | 비디오 렌더 대화상자가 표시되면 파일 이름과 저장 위치를 설정하고 다음과 같이 저장 형식을 설정하여 〈렌더〉 버튼을 클릭합니다.

- Photoshop 이미지 시퀀스
- 형식 : PNG
- 크기 : 360×360
- 프레임 속도 : 10fps
- 범위 : 모든 프레임
- 알파 채널 : 미변경-매트 해제

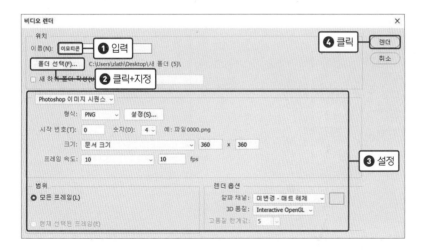

05 | 지정한 저장 위치에 프레임이 올바른 순서로 저장되었습니다.

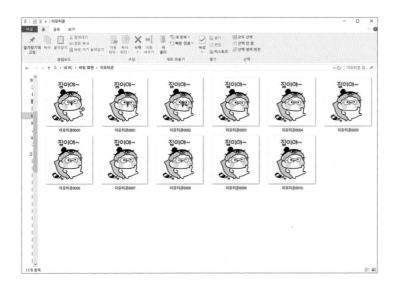

레이어를 파일로 내보내기

메뉴에서 **(파일) → 다른 이름으로 저장**을 실행하여 저장용 사본을 저장한 다음 아래 과정을 진행합니다. 이모티콘 원본 파일을 덮어쓰는 위험을 방지할 수 있습니다.

01 | 레이어 패널에서 '레이어 1'은 제외한 모든 레이어의 '눈' 아이콘(👁)을 클릭하여 화면에 표시합니다.

| **+ TIP +** | 가장 위에 있는 '눈' 아이콘을 선택하고 맨 아래의 '눈' 아이콘으로 드래그하면 모든 '눈' 아이콘이 켜지고 꺼집니다.

02 | 프레임이 그룹으로 만들어져 있으면 레이어 패널에서 1개의 그룹 폴더 레이어를 선택한 다음 마우스 오른쪽 버튼을 클릭하여 **(그룹 병합)**을 실행합니다.

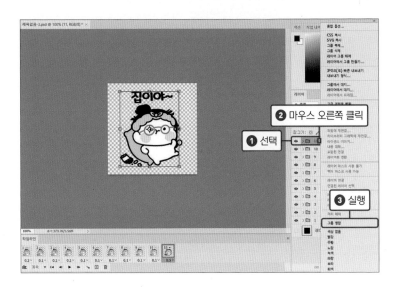

03 | 한 프레임당 하나의 레이어로 모든 그룹 폴더 레이어를 병합합니다. 프레임에 적용되지 않은 레이어는 삭제합니다.

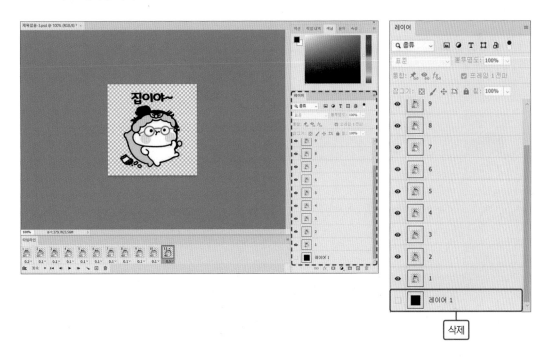

04 | 메뉴에서 (파일) → 내보내기 → 레이어를 파일로를 실행합니다.

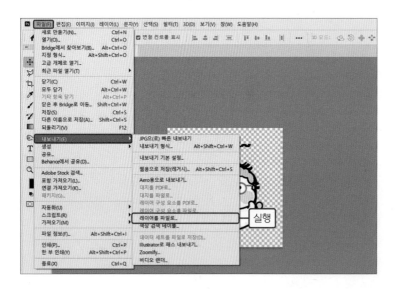

05 | 레이어를 파일로 내보내기 대화상자가 표시되면 대상(저장 위치)과 파일 이름 접두어(이름)를 설정하고 다음과 같이 저장 형식을 지정하여 〈실행〉 버튼을 클릭합니다.
  • 파일 유형 : PNG–24
  • 투명도 체크 표시

06 | 저장되는 동안 기다립니다. 바로 저장되는 첫 번째 방법과 달리 약간의 저장 시간이 소요됩니다. 저장 완료 대화상자가 표시되면 〈확인〉 버튼을 클릭합니다.

07 | 첫 번째 방법과 달리 프레임의 순서가 반대로 저장됩니다.

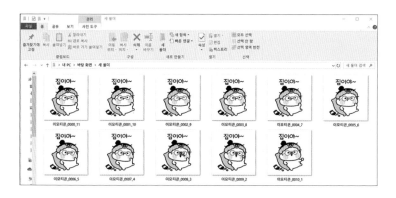

08 | 파일의 이름을 변경하여 프레임 순서를 원래대로 재설정합니다.

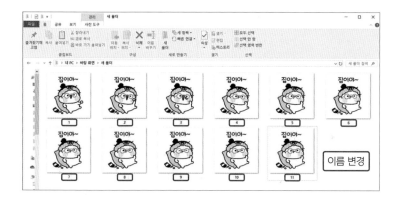

움직이는 이모티콘 프레임 그리기

문장으로 정리한 움직임 기획을 프레임 하단에 적은 후 한 프레임씩 원화와 동화를 그립니다. 캐릭터의 성격과 콘셉트에 맞추어 동작을 구상합니다.

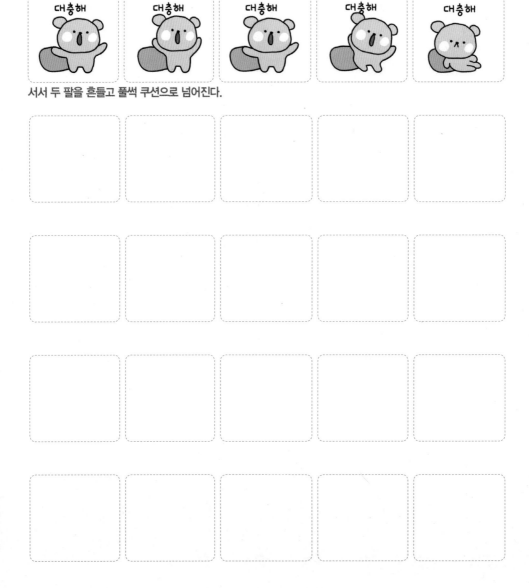

서서 두 팔을 흔들고 풀썩 쿠션으로 넘어진다.

가이드에 맞춰 제작한 이모티콘을 이모티콘 판매 플랫폼에 등록해 이모티콘 작가가 될 수 있습니다. 카카오톡, 밴드, OGQ 마켓, 라인, 모히톡 5종류의 플랫폼에 제안하는 방법을 함께 알아봅니다. 하나의 이모티콘을 여러 플랫폼에 제안하여 추가 수익을 얻을 수 있습니다.

PART

07

emoticon

제안

하기

CHAPTER 01 | 다양한 플랫폼에 제안하기

각 플랫폼의 규격에 맞춰 이모티콘을 제작해 제안합니다. Part 1의 플랫폼 설명을 참고해 제 안할 플랫폼을 정한 다음 순서에 맞춰 제안합니다. 여러 플랫폼에 이모티콘을 제안하면 추 가 수입을 얻을 수 있습니다.

STEP 01 | 카카오 이모티콘 스튜디오

이모티콘 시장 점유율 1위의 플랫폼인 카카오톡 이모티콘을 제안할 수 있습니다. 경쟁이 가장 치열하지만 가장 큰 수익을 낼 수 있습니다.

01 | 카카오 이모티콘 스튜디오에 접속합니다. 카카오 계정으로 회원가입을 진행한 다음 〈제안 시작하기〉 버튼을 클릭합니다.

▲ https://emoticonstudio.kakao.com

02 ｜〔이모티콘 제안〕탭에서 멈춰있는 이모티콘, 움직이는 이모티콘, 큰 이모티콘 중 제안하려는 이모티콘 형식의 〈제안하기〉 버튼을 클릭합니다.

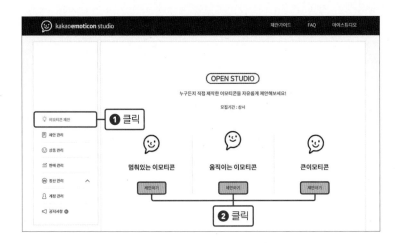

03 ｜ 이모티콘 정보를 작성합니다.

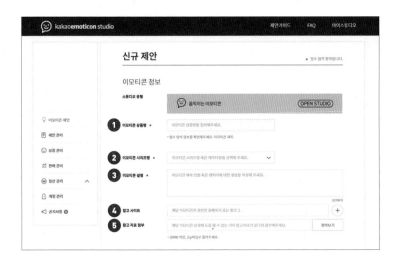

❶ 이모티콘 상품명

이모티콘의 콘셉트가 잘 드러나도록 작성합니다.

❷ 이모티콘 시리즈명

'이모티콘 스토어'에 노출되지 않고 '이모티콘 스튜디오'에서 사용하는 이모티콘 관리 명칭입니다. 상품명이 긴 이모티콘의 경우 캐릭터 이름과 같이 간략화한 이름으로 작성합니다. 신규 이모티콘의 경우 –이모티콘 시리즈명 신규 등록–으로 지정해 시리즈명을 입력합니다. 이모티콘 스토어에서 이모티콘 소속명으로 쓰이는 작가명 혹은 캐릭터명은 승인 이후 상품화 과정에서 작성합니다.

❸ 이모티콘 설명

이모티콘의 콘셉트와 캐릭터 설명을 200자 이내로 간략하게 작성합니다. 추가로 타깃이나 사용자가 이모티콘을 어떻게 사용할지 작성하여 상품성을 어필합니다.

❹ 참고 사이트

선택 사항입니다. 이모티콘의 사용이나 캐릭터 활용을 참고할 수 있는 SNS 등을 운영하고 있으면 사이트 주소를 입력합니다.

❺ 참고 자료 첨부

선택 사항입니다. 캐릭터 일러스트, 이모티콘 타깃 조사 등을 첨부해 부가 설명을 할 수 있습니다. 참고 사이트와 함께 선택 사항이어서 첨부하지 않아도 심사 결과에 큰 영향을 끼치지는 않습니다.

04 │ 이모티콘 시안을 등록합니다. 멈춰있는 이모티콘의 경우 PNG 32종, 움직이는 이모티콘의 경우 GIF 3종 이상과 PNG 21종 이하를 등록합니다. GIF의 경우 움직이는 모션을 확인하는 용이기 때문에 이모티콘의 움직임 특성이 잘 표현되는 이모티콘을 선정해 업로드합니다. PNG의 경우 움직임이 유추되는 모습으로 그린 이미지를 업로드하는 것이 좋습니다.

05 | 소리나는 이모티콘으로 제작할 경우 '이모티콘 사운드'를 체크 표시합니다. 〈제출하기〉 버튼을 클릭하여 제안을 완료합니다.

▲ 승인 안내

▲ 미승인 안내

카카오톡 이모티콘의 심사에서 미승인을 받았다고 해서 그 이모티콘을 무조건 포기하는 것은 아닙니다. 저의 경우에는 미승인 받은 이모티콘을 모두 움직이는 이모티콘으로 제작 후 제안해 승인을 받았던 경험이 있습니다. 다른 경험담들을 보면 여러 번 수정 끝에 승인을 받거나 혹은 수정을 하지 않고 몇 개월 뒤다시 제안해 승인을 받은 경험담들을 봤습니다. 내가 제안한 시기에 어떤 이모티콘과 경쟁하는지에 따라 승인과 미승인의 결과는 달라질 수 있다고 생각합니다. 미승인 받은 이모티콘이라도 출시하고 싶으면 다시 제안하는 방법도 있습니다. 움직이는 모습이 더 매력을 어필한다 생각하면 모두 움직이는 이모티콘으로 제작해 제안할 수도 있습니다. 중요한 것은 스스로 미승인 받은 이모티콘을 객관적으로 검토하는 것입니다.

밴드 스티커샵

두 번째로 큰 수익을 얻을 수 있는 플랫폼입니다. 제안 이모티콘의 개수가 적어 쉽게 제안할 수 있습니다.

01 | 밴드 스티커샵에 접속합니다. 〈스티커 제휴 제안하기〉 버튼을 클릭합니다.

▲ https://partners.band.us/partners/sticker

02 | 제안할 스티커 타입을 선택하고 스티커 명과 스티커 설명을 입력합니다.

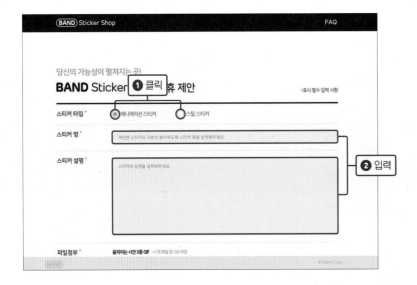

03 | 제작한 이모티콘 파일과 함께 기타 참고 자료가 있으면 첨부합니다. 참고 자료는 선택 사항이어서 첨부하지 않아도 괜찮습니다. 제안자의 정보를 입력합니다. 입력한 이메일로 심사 결과를 받을 수 있습니다.

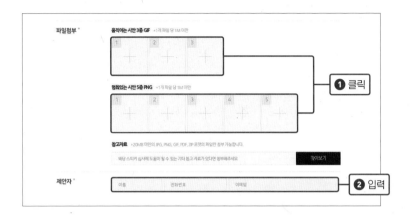

04 | 개인 정보 수집 약관에 동의한 다음 〈제휴제안 보내기〉 버튼을 클릭합니다. 버튼을 클릭하면 제안이 완료되며 다른 이모티콘 제안 사이트와 달리 제안 확인을 할 수 있는 곳이 없습니다. 메일로 심사 결과를 기다립니다.

▲ 승인 안내

▲ 미승인 안내

네이버 OGQ 마켓

네이버 OGQ 마켓에 제안하면 네이버 OGQ 마켓과 아프리카 OGQ 마켓에서 동시 판매됩니다. 승인 직후 판매
로 이루어지기 때문에 완성된 이모티콘을 첨부해 제안합니다.

01 │ 네이버 OGQ 마켓에 접속합니다. 오른쪽 상단의 〈크리에이터 스튜디오〉 버튼을 클릭합니다.

▲ https://ogqmarket.naver.com

02 │ 〈콘텐츠 업로드〉 버튼을 클릭합니다.

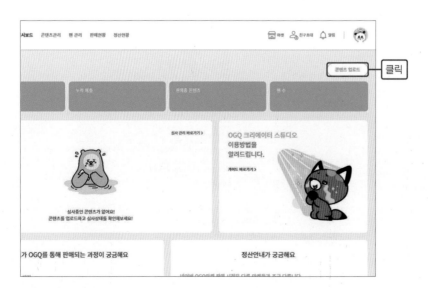

03 | 움직이는 이모티콘은 애니메이션 스티커, 멈춰있는 이모티콘은 스티커를 선택합니다.

04 | 대표 이미지와 이모티콘 제목, 내용을 입력합니다. 이모티콘 사용자가 검색을 할 수 있는 키워드를 3개 이상, 20개 이하의 태그로 입력합니다. 판매할 가격을 1,000원, 1,500원, 2,000원 중 선택합니다. 무조건 비싼 2,000원이 아닌 다른 이모티콘들이 얼마에 팔리는지 살펴보고 적당한 가격을 선택합니다.

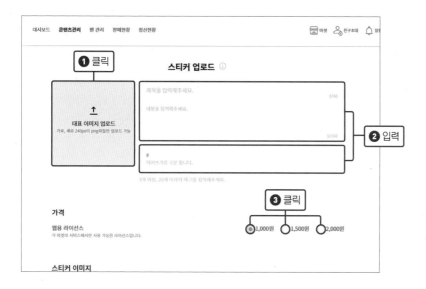

05 | 제작한 스티커 이미지와 탭 목록 이미지를 업로드합니다.

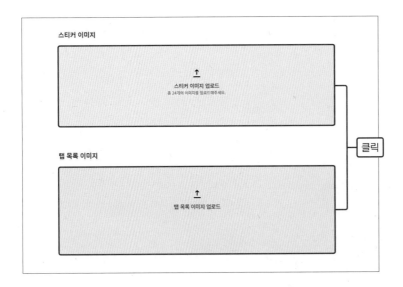

06 | 멈춰있는 이모티콘인 스티커에 한해 퍼블리시티권 매칭을 할 수 있습니다. 퍼블리시티권을 동의한 아프리카TV BJ의 팬아트 형식 이모티콘을 만들 수 있습니다.

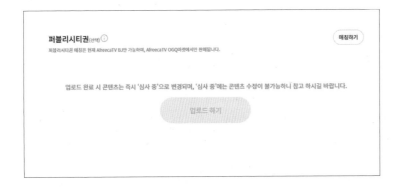

퍼블리시티권 선택   ✕

AfreecaTV BJ 아이디를 입력해주세요.   🔍

안내사항
- 퍼블리시티권 사용 약관을 동의한 BJ만 검색이 가능합니다.
- BJ 검색은 아이디로만 가능하며 검색 결과는 BJ의 닉네임으로 보여집니다.
- 원하는 BJ의 아이디를 모를 경우, '<u>BJ 찾기</u>'를 통해 확인해주세요.
- 업로드 완료 전까지는 퍼블리시티권 수정이 가능합니다.

등록하기

STEP 04 | **모히톡**

이모티콘을 등록하는 개수가 정해져 있지 않아 단 하나만 올려도 판매가 가능합니다. 제안할 때 이모티콘과 어울리는 감정 태그를 선택합니다.

01 | 모히톡 스티커팜에 접속합니다. 오른쪽 상단의 〈Login〉 버튼을 클릭하여 로그인합니다.

▲ https://stickerfarm.mojitok.com

02 | 이메일과 비밀번호를 입력한 다음 〈Login〉 버튼을 클릭합니다. 회원가입이 필요하면 하단의 〈회원 가입하기〉 버튼을 클릭해 가입을 진행합니다.

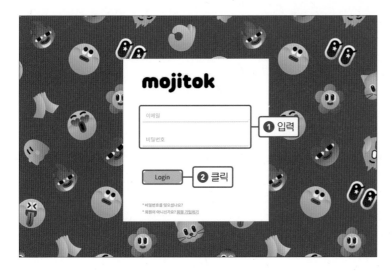

03 | 로그인한 다음 상단의 〈Upload〉 버튼을 클릭합니다.

04 | 〈새로운 패키지 업로드〉 버튼을 클릭합니다.

05 │ 주의 대화상자가 표시되면 내용을 확인한 다음 〈확인〉 버튼을 클릭합니다.

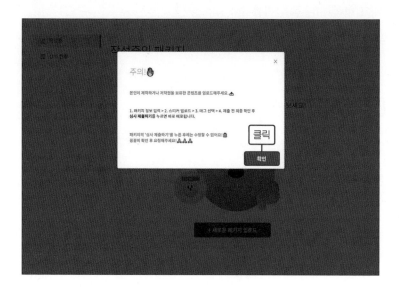

06 │ 스티커 패키지 정보를 입력합니다. 가이드에 맞게 패키지 대표 이미지를 업로드합니다. 패키지 이름과 설명을 영문과 한글로 입력한 다음 〈저장〉 버튼을 클릭합니다.

07 | '스티커 업로드' 항목을 클릭하여 다음 단계로 넘어갑니다. 가이드에 맞게 준비한 이모티콘을 업로드한 다음 오른쪽 하단의 〈태그 선택〉 버튼을 클릭합니다.

08 | 스티커 태그 가이드 대화상자가 표시되면 확인한 다음 '다시 보지 않기'에 체크 표시하고 대화상자를 닫습니다.

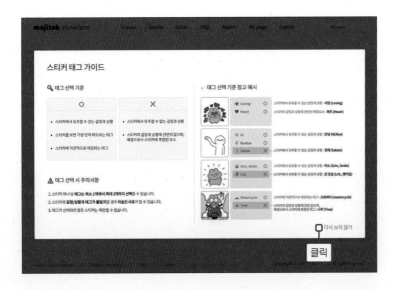

09 │ 스티커를 하나씩 클릭하여 태그를 선택합니다.

10 │ 이모티콘의 메시지와 맞는 태그를 키워드 검색으로 찾거나 태그 카테고리에서 선택합니다. 최대 3
개의 태그를 선택할 수 있습니다. 이모티콘에서 바로 유추 가능한 태그로 선택합니다.

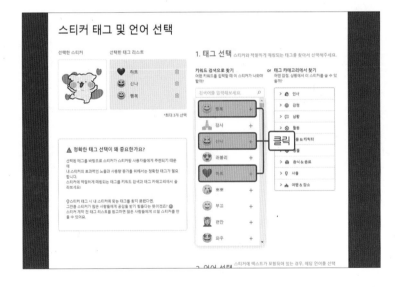

11 │ 하단의 언어 선택을 합니다. 이모티콘 안에 글자가 없는 경우는 이미지, 이모티콘 안에 글자가 들어 있는 경우는 이미지+텍스트를 선택합니다. 글자의 언어도 함께 선택한 다음 〈저장〉 버튼을 클릭합니다.

12 │ **09**번~**11**번과 같은 방법으로 모든 이모티콘의 태그와 언어를 선택합니다. 완료했으면 〈제출 전 최종 확인〉 버튼을 클릭합니다.

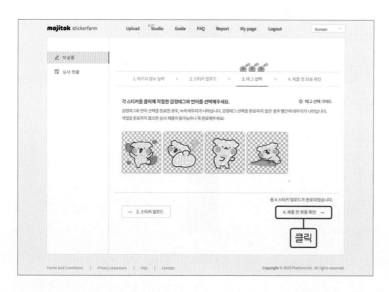

13 │ 입력한 내용을 확인한 다음 〈심사 제출하기〉 버튼을 클릭하여 제안을 완료합니다.

14 │ 제안이 완료되었습니다. 제안한 이모티콘은 심사 현황 페이지에서 확인할 수 있습니다.

글로벌 메신저인 만큼 제안 사이트가 영어로 되어 있어 복잡해 보일 수 있습니다. 차근차근 내용을 참고해 제안해 봅니다.

01 | 라인 크리에이터스 마켓에 접속합니다. 회원가입하여 계정을 만든 다음 로그인하여 〈등록하기〉 버튼을 클릭합니다.

▲ https://creator.line.me/ko/

02 | 왼쪽 상단의 〈New Submission〉 버튼을 클릭합니다.

03 | Sticker, Emoji, Theme 중 이모티콘을 업로드하기 위해 〈Sticker〉 버튼을 클릭합니다.

✦ **TIP** ✦   • Sticker : 카카오톡 이모티콘과 같은 개념으로 독립적인 이모티콘입니다.
              • Emoji : 글자와 함께 말풍선 안에 들어가는 작은 이모티콘입니다.
              • Theme : 라인 채팅 앱의 테마입니다. 배경색, 말풍선 모양 등을 디자인합니다.

04 | 스티커 타입, 스티커 이름과 설명 등의 스티커 정보를 입력합니다. 초록색으로 체크 표시된 항목은
         필수 항목이고 체크 표시가 되어 있지 않은 항목은 선택 항목입니다.

05 | 상품 상세 정보를 입력합니다.

❶ Creator's Name : 작가 이름을 입력합니다.

❷ Copyright : 저작권자 명으로 작가 이름을 입력합니다.

❸ Style Category : 이모티콘 스타일 카테고리를 지정합니다.

❹ Character Category : 캐릭터 카테고리를 지정합니다.

❺ Privacy Setting : 라인 스토어에 스티커를 노출하려면 Show in LINE STORE/Sticker Shop을 선택합니다.

❻ LINE Stickers Premium : 라인 스티커 정액제 서비스 가입을 희망하는지 선택합니다.

❼ Sale Region : 판매 지역으로 모든 국가에서 판매는 Distribute in all available regions를 선택합니다.

06 │ 저작권 내용을 입력한 다음 ⟨Save⟩ 버튼을 클릭합니다.

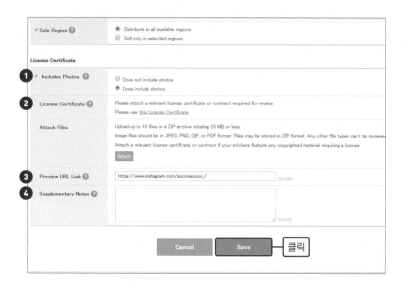

❶ Includes Photos : 스티커에 사진이 포함되어 있는지 선택합니다. 편집된 사진에도 적용됩니다.

❷ License Certificate : 저작권 확인이 필요한 내용이 있으면 저작권 인증서를 첨부합니다.

❸ Preview URL Link : 스티커를 확인할 수 있는 참고 사이트가 있으면 주소를 입력합니다.

❹ Supplementary Notes : 기타 검토할 내용이 있으면 입력합니다.

07 │ 'Sticker Images' 항목을 클릭하여 스티커 업로드 단계로 넘어갑니다. 하단의 ⟨Edit⟩ 버튼을 클릭합니다.

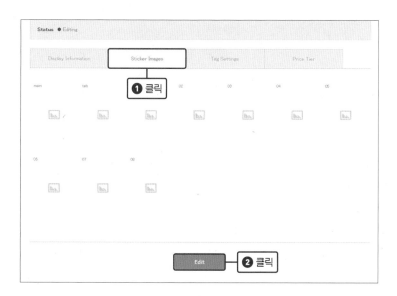

08 | 준비한 스티커를 첨부합니다. 첨부할 스티커의 개수는 Change number of stickers in set에서 지정할 수 있습니다. 8개, 16개, 24개 중 선택합니다. 업로드한 다음 〈Back〉 버튼을 클릭합니다.

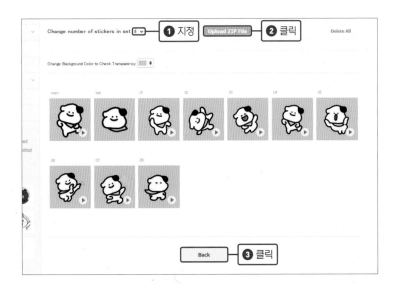

| **+ TIP +** 〈Upload ZIP File〉 버튼을 클릭하여 ZIP 파일로 한꺼번에 스티커를 업로드할 수 있습니다. 또는 하단에 사각 박스를 클릭하여 하나씩 업로드할 수도 있습니다.

09 | 'Tag Settings' 항목을 클릭하여 태그 입력 단계로 넘어갑니다. 〈Edit〉 버튼을 클릭하여 태그를 선택합니다. 태그를 선택하지 않고 넘어갈 수 있지만, 선택하는 것이 사용자에게 더 많이 노출될 수 있습니다.

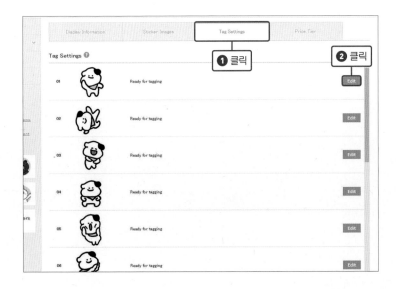

10 | 최대 3개의 태그를 선택할 수 있습니다. 왼쪽 중앙에서 태그 언어를 한국어로 지정하면 쉽게 태그를 선택할 수 있습니다. 태그를 선택한 다음 〈Save〉 버튼을 클릭합니다.

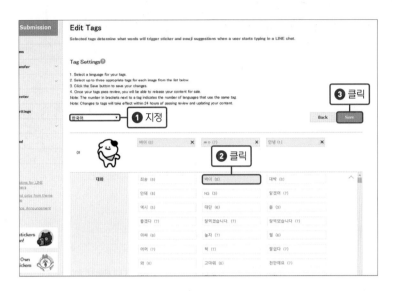

11 | 마지막 단계입니다. 'Price Tier' 항목을 클릭하여 판매 가격을 설정합니다. 멈춰있는 이모티콘은 1,200원부터 5,900원까지 움직이는 이모티콘은 2,500원에서 5,900원까지 선택할 수 있습니다. 높은 금액을 선택해 비싸게 팔면 좋겠지만 다른 이모티콘 가격을 살펴보고 합리적인 가격을 선택하는 것이 좋습니다. 판매 가격을 설정한 다음 〈Save〉 버튼을 클릭하고 〈Request〉 버튼을 클릭하여 제안 심사를 요청합니다.

CHAPTER 02 | 상품화 과정 알아보기

제안 심사에서 승인을 받은 후 어떤 과정으로 이모티콘이 출시되는지 알아보겠습니다.

STEP 01 | 카카오 이모티콘 상품화 과정

승인을 받게 되면 이모티콘 담당자의 피드백과 함께 카카오 이모티콘 스튜디오에서 단계별로 진행됩니다. 단계별로 어떤 작업을 진행하는지 알아봅니다.

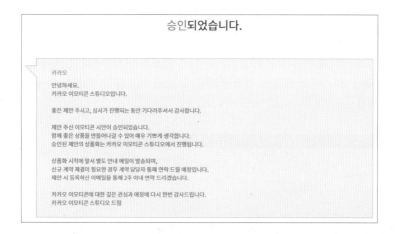

약 2주 동안의 심사 후 승인을 받게 되면 상품화 과정이 시작됩니다. 제안했던 카카오 이모티콘 스튜디오 홈페이지에서 상품화 과정이 진행됩니다. 일반적인 진행 과정으로는 승인부터 출시일까지 작업 속도에 따라 3~6개월 정도 소요됩니다. 승인된 제안을 바탕으로 남은 작업을 진행합니다.

각 단계에 맞춰 상품화가 진행됩니다. 단계별로 약 일주일 동안의 검수 기간 후 담당

자의 피드백과 함께 다음 단계로 넘어갈 것인지 2차로 수정 작업을 진행할 것인지 안내를 받습니다. 상품화 기간을 최대한 줄이기 위해서는 실수로 잘못 작업한 부분이 없는지 꼼꼼히 확인합니다.

1. 검수 준비

첫 상품화 과정이라면 상품 출시를 위해 계약을 진행하게 됩니다. 계약은 직접 만나서 하는 대면 계약이 아닌 계약 웹사이트를 통해 이루어져 지방에 거주하고 있거나 외국에 거주하고 있어도 진행할 수 있습니다. 첫 계약 이후 2번째, 3번째 이모티콘 상품화 과정에서는 생략되어 검수 준비 시간이 단축됩니다. 2주 이내로 제안했던 메일로 연락이 온 후 진행되며 기다리는 동안에는 이후 진행될 컬러 검수 내용을 구상하는 것이 좋습니다.

2. 컬러 검수

상품명	(한글) 울 엄마의 사회생활!	작가명 or 캐릭터명	(한글) 소콘소콘
	(영문) My mother's social life!		(영문) SoconSocon
상품명	(한글) 포퐁~ 행복해져랏!	작가명 or 캐릭터명	(한글) 소콘소콘
	(영문) Popong~ Be happy!		(영문) SoconSocon
상품명	(한글) 푸키~ 진짜 귀여워	작가명 or 캐릭터명	(한글) 소콘소콘
	(영문) Adorable Poocky		(영문) SoconSocon

상품명/작가명 or 캐릭터명을 한글과 영어로 입력합니다. 영어로 상품명을 작성하는 게 걱정되나요? 저는 영어사전, 번역기를 활용해 정확한 표현으로 작성하려 하지만 만약 잘못된 표현이라면 올바른 표현으로 수정된 이름을 전달받으니 걱정하지 않아도 됩니다. 컬러 검수를 통과한 이후에는 이모티콘 제목과 작가명을 변경할 수 없으니 신중하게 생각해 정합니다. 같은 캐릭터 이름의 이모티콘이 이미 출시되어 있거나 유명 캐릭터의 이름과 같을 경우가 있습니다. 이때는 상표권 문제가 생길 수 있어 메일로 이름 변경 요청을 받습니다. 이름을 정할 때 상표권에 등록되어 있지는 않은지 확인 후 정하는 것이 좋습니다.

이름과 함께 멈춰있는 이모티콘은 어떤 감정, 어떤 상황을 나타내는지, 움직이는 이모티콘은 감정 설명과 함께 어떻게 움직일 것인지를 입력합니다. 움직임 동작은 글을 보고도 충분히 머릿속에 그려지게끔 자세하게 적습니다.

이 단계에서 피드백은 윤리, 저작권 등을 고려해 교체되어야 하는 이모티콘, 카카오 기본 배경색에 묻혀 잘 보이지 않는 이모티콘 등 색 변경 혹은 전체적으로 이미지가 수정되어야 할 부분을 컬러 시안 단계에서 안내받습니다.

3.
애니메이션 검수

컬러 검수에서 적은 움직임 설명을 토대로 애니메이션 작업을 합니다. 변형한 동작이 있으면 작가 코멘트에서 변경한 내용을 적은 후 보냅니다. 이모티콘 제안 단계에서 저장한 GIF 확장자가 아닌 WEBP 확장자로 제출합니다. WEBP 확장자는 PNG로 프레임별 이미지를 저장 후 카카오에서 전달받은 프로그램을 사용해 만들 수 있습니다.

이 단계에서 피드백은 이미지 바깥으로 배경이 튀어나오거나, 지워지지 않은 점이 있지는 없는지를 전달받을 수 있습니다. 전달 후 피드백 받는 기간도 1주일 내외로 소요되기 때문에 전달 전에 먼저 색을 잘못 칠한 부분은 없는지 꼼꼼히 검토하는 것이 좋습니다.

4.
최종 파일

이모티콘과 함께 상품화에 필요한 모든 이미지를 제작해 전달합니다. 이때 이미지 파일만 전달하는 것이 아닌 원본 파일인 PSD 파일도 함께 첨부합니다. 포토샵이 아닌 다른 프로그램으로 이모티콘을 제작했더라도 원본 파일은 PSD 파일로 제출해야 하기 때문에 이 과정에서는 꼭 포토샵 작업이 필요합니다. 모든 작가의 이모티콘 파일이 통일되도록 포토샵 가이드를 받아 가이드에 맞게 자신의 이모티콘을 배치해서 만듭니다.

이모티콘 이외에 이모티콘샵에서 보여지는 썸네일 이미지, 선물하기에서 보여지는 Gift 이미지, 키보드에 나타나는 아이콘 이미지를 작업하게 됩니다. 제출하는 파일 종류가 많으니 항목에서 제작을 완료한 것들은 하나씩 지워가며 빠진 것이 없는지 체크합니다. 제작해야 할 이미지는 어떤 종류가 있는지 알아보겠습니다.

이모트

상품화 과정을 통해 만든 이모티콘입니다. 최종 확장자인 WEBP 형식으로 제작합니다.

키보드 썸네일

이모티콘을 선택할 때 클릭하는 썸네일 이미지입니다. 이모티콘샵에서도 함께 노출됩니다. 움직이는 이모티콘의 경우 멈춰있는

이미지로도 동작을 알 수 있도록 대표적인 컷으로 제작합니다.

키보드 탭 아이콘

키보드에서 이모티콘을 선택할 때 클릭하는 아이콘입니다. 매우 작은 크기로 노출되기 때문에 작은 크기로도 이모티콘을 구별할 수 있도록 일반적으로 캐릭터 얼굴을 아이콘으로 만듭니다. 이모티콘을 선택했을 때 나타나는 컬러 아이콘과 선택하지 않았을 때 나타나는 흑백 아이콘 두 종류로 만듭니다.

스토어 리스트 타이틀

이모티콘샵의 다른 이모티콘들과 함께 있는 목록에 노출되는 타이틀 이미지입니다. 이모티콘 중 가장 대표적인 이모티콘을 선택해 사용합니다. 클릭할 수 있게끔 가장 매력적이고 콘셉트가 잘 나타나는 이모티콘으로 정합니다. 스토어 리스트 타이틀, 앱 상세 타이틀, 웹 상세 타이틀은 모두 같은 이모티콘으로 만들며 여러 이모티콘과 함께 보이는 스토어 리스트 타이틀 특성상 글자가 없는 이모티콘을 선택하거나 글자가 들어간 경우에는 글자를 제거해서 제작합니다.

앱 상세 타이틀

카카오톡 앱의 이모티콘샵에 노출되는 타이틀 이미지입니다.

웹 상세 타이틀

카카오 이모티콘샵 웹사이트에 노출되는 타이틀 이미지입니다.

선물 이미지

이모티콘을 구매했을 때, 공유할 때 등 채팅방에 노출되는 이미지입니다. 전체 이모티콘 중 16개의 이모티콘을 담아 제작합니다. 가이드에 맞춰 배치하고 상단에는 이모티콘 제목과 함께 콘셉트에 맞춰 자유롭게 디자인합니다.

밴드 이모티콘 상품화 과정

승인을 받게 되면 이모티콘 담당자의 피드백과 함께 메일로 진행됩니다. 상품화 과정 기간이 카카오톡 이모티콘보다 짧은 편입니다. 자세한 일정과 피드백을 공유하며 상품화가 이루어집니다.

카카오 이모티콘은 상품화 과정 사이트가 있는 반면에, 밴드 이모티콘은 제안할 때 입력한 메일을 통해 피드백을 받으며 상품화 과정을 진행합니다. 상세한 피드백을 받을 수 있으며 상품화 과정을 시작할 때 앞으로의 제작 일정을 조율하며 단계별로 일정에 맞춰 진행합니다. 출시 일정 또한 함께 조율해서 대략적인 출시 일정을 상품화 과정 시작할 때 안내받고 진행합니다. 일정에 맞춰 진행되어야 하기 때문에 지연되지 않기 위해 작업 기간이 어느 정도 걸릴지를 미리 생각합니다.

1. 스틸 이미지

스틸 이미지는 멈춰있는 한 컷의 이미지를 의미합니다. 밴드 이모티콘을 제안할 때 움직이는 시안 3종, 멈춰있는 시안 5종을 제안하는데 나머지 이모티콘을 멈춰있는 스틸 이미지로 제작해 전달합니다. 감정과 함께 어떻게 움직일 것인지도 작성하여 함께 보냅니다.

2.
**GIF 이미지
공유**

움직이는 이모티콘의 경우 GIF 확장자로 저장한 이미지를 전달해 수정할 부분을 피드백 받습니다. 멈춰있는 이모티콘은 이 과정이 생략됩니다.

3.
**APNG,
PNG 공유**

확정된 움직이는 이모티콘을 최종 파일인 APNG로 변환해 전달합니다. APNG 파일은 보통 APNG Assembler라는 무료 프로그램을 설치해 제작합니다. 멈춰있는 이모티콘은 PNG 파일로 전달합니다.

4.
**최종 파일
전달**

아이콘, 썸네일 파일 등 최종 파일 전달이 완료되면 이모티콘 출시일을 안내받습니다.

이모티콘을 등록한 다음 작가로서 본격적인 활동을 시작합니다. 나만의 개성 있는 캐릭터를 저작권 침해에서 보호받을 수 있는 저작권 등록 방법과 많은 사람에게 노출될 수 있는 이모티콘 홍보 방법 등 이모티콘 작가로 활동을 하기 위해 알아야 할 요소들을 살펴봅니다.

PART
08

emoticon

작가로

활동하기

CHAPTER
01 | 작품 홍보하기

이모티콘을 출시한 후 최대한 많은 사람에게 노출될 수 있도록 홍보하는 것이 좋습니다. 홍보영상을 직접 만들어 다양한 SNS에서 홍보해 보세요.

● 예제파일 : 08\홍보 1.psd∼홍보 4.psd   ● 완성파일 : 08\홍보영상_완성.psd, 홍보영상_완성.mp4

STEP 01 | **포토샵으로 이모티콘 홍보영상 만들기**

인스타그램, 틱톡, 유튜브 등의 플랫폼에서 홍보할 때 동영상 파일이 필요합니다. 포토샵으로 제작했던 이모티콘을 홍보 영상으로 만드는 방법을 알아보겠습니다.

1. 여러 이모티콘 파일 열기

01 | 08 폴더에서 '홍보 1.psd'∼'홍보 4.psd' 파일을 불러옵니다.

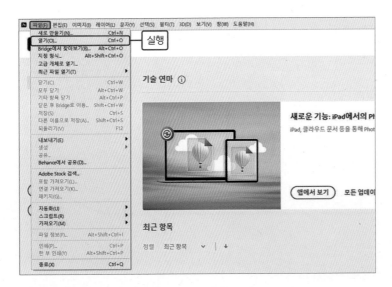

2. 격자를 이용해 균일하게 크기 조절하기

01 | [Ctrl]+[N]을 눌러 새로 만들기 문서 대화상자가 표시되면 새 캔버스를 만듭니다. 예시에서는 파일 이름을 '홍보영상'으로 입력하고 폭을 '1080px', 높이를 '1080px'로 설정한 캔버스를 만들었습니다.

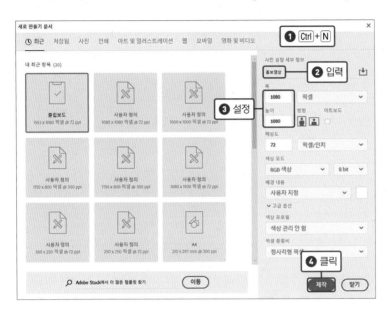

02 | 메뉴에서 (**보기**) → **표시** → **격자**를 실행하여 격자를 표시합니다. 여러 이모티콘을 한 캔버스에 가져올 때 위치가 다르기 때문에 같은 위치에 균일한 크기로 배치하기 위해 격자를 표시합니다.

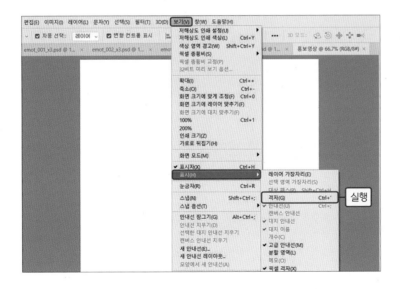

03 │ 1px 단위로 설정된 격자가 표시되었습니다. 보기 편하도록 격자의 폭을 넓게 설정하겠습니다.

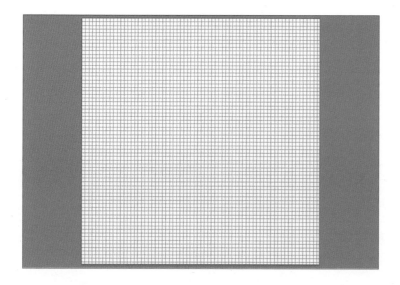

04 │ Ctrl+K를 눌러 환경 설정 대화상자를 표시합니다. '안내선, 격자 및 분할 영역' 항목에서 격자 간격을 '360'으로 설정한 다음 〈확인〉 버튼을 클릭합니다.

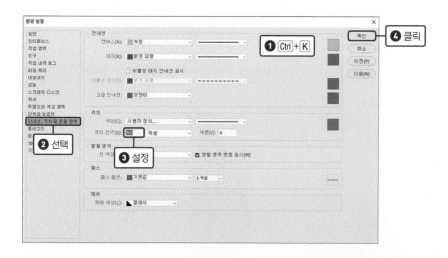

3. 프레임 복사, 붙여 넣기

01 | 타임라인 패널에서 '프레임 애니메이션 만들기'로 지정하고 클릭합니다.

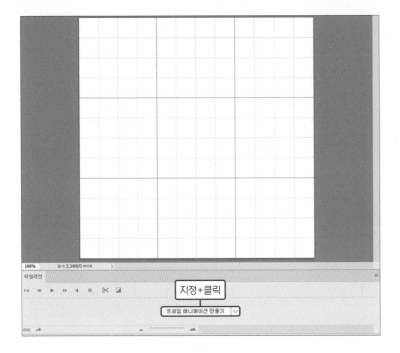

02 | 파일 이름 탭에서 미리 불러온 이모티콘 창을 선택합니다. 타임라인 패널에서 패널 메뉴를 클릭한 다음 (**프레임 복사**)를 실행하여 이모티콘을 복사합니다.

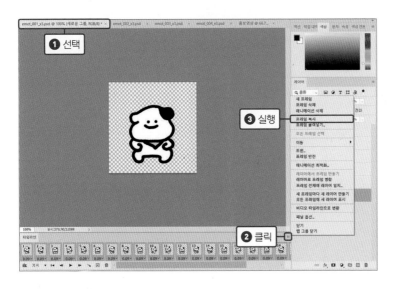

03 | 파일 이름 탭에서 홍보영상 창을 선택합니다. 타임라인 패널에서 패널 메뉴를 클릭한 다음 **(프레임 붙여넣기)**를 실행합니다.

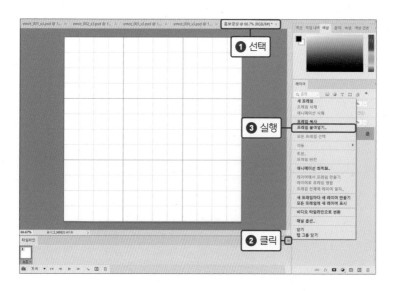

04 | 프레임을 붙여 넣는 방법은 4가지가 있습니다. 프레임 붙여넣기 대화상자가 표시되면 첫 프레임에 붙여 넣을 경우 4개 중 아무거나 선택해도 괜찮습니다. 선택한 다음 〈확인〉 버튼을 클릭합니다.

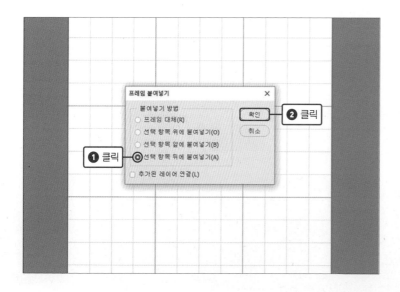

05 | 복사한 프레임이 레이어와 함께 붙여 넣어졌습니다.

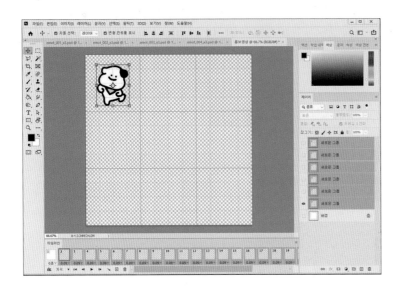

06 | 타임라인 패널에서 1프레임을 제외한 나머지 프레임을 모두 선택하고, 레이어 패널에서 레이어를 모두 선택한 다음 Ctrl + T를 누릅니다. 격자를 참고하여 이모티콘을 중앙으로 이동하고 크기를 조절한 다음 Enter를 누릅니다.

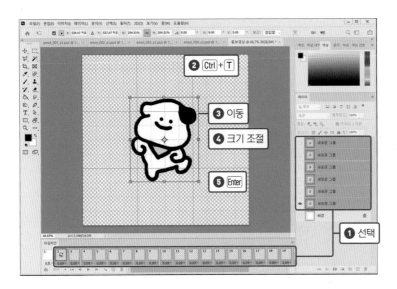

07 | 다른 이모티콘도 **02**번~**06**번과 같은 방법으로 프레임을 복사하고, 붙여 넣습니다. 두 번째 이모
티콘부터 붙여 넣을 때는 이전에 붙여 넣은 프레임 중 마지막 프레임을 선택하고 프레임 붙여넣기
팝업 대화상자에서 '선택 항목 뒤에 붙여넣기'를 선택해 붙여넣습니다.

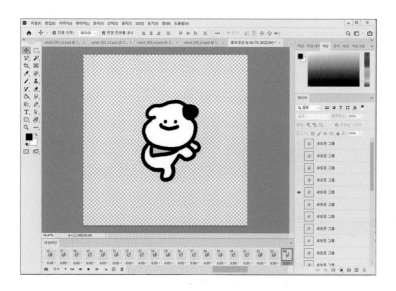

4. 배경, 글자 넣기

01 | 타임라인 패널에서 1프레임에 만들어진 배경 프레임을 선택하고 '프레임 삭제' 아이콘(🗑)을 클릭
하여 삭제합니다.

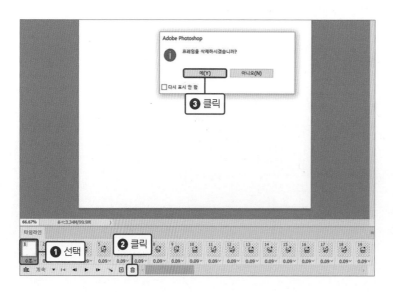

02 │ 레이어 패널에서 '새 레이어 만들기' 아이콘(⊞)을 클릭하여 새 레이어를 추가합니다. 도구 패널에서 전경색을 원하는 색상으로 지정한 다음 Alt + Delete 를 눌러 배경의 색을 채웁니다.

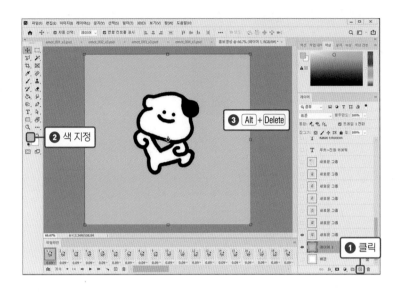

03 │ 레이어 패널에서 배경색을 채운 '레이어 1'을 선택합니다. 타임라인 패널에서 패널 메뉴를 클릭한 다음 (프레임 전체에 레이어 일치)를 실행합니다.

04 | 레이어 일치 대화상자가 표시되면 〈확인〉 버튼을 클릭합니다. 모든 프레임에 색을 채운 레이어가
표시됩니다.

05 | 02번~04번과 같은 방법으로 글자를 입력하고 타임라인 패널의 패널 메뉴에서 (**프레임 전체에 레**
이어 일치)를 실행하여 모든 프레임에 적용합니다.

5. 동영상 저장하기

01 | 완성한 홍보영상을 동영상 확장자로 저장하겠습니다. 메뉴에서 **(파일)** → **내보내기** → **비디오 렌더**를 실행합니다.

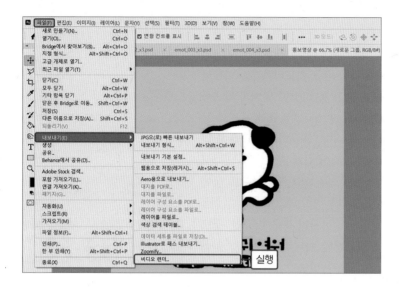

02 | 비디오 렌더 대화상자가 표시되면 동영상 이름과 저장할 위치를 지정하고 다음과 같은 형식으로 설정한 다음 〈렌더〉 버튼을 클릭하여 '홍보영상_완성.mp4'로 저장합니다.

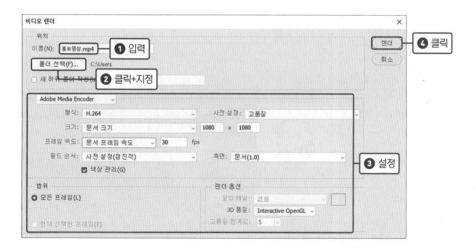

다양한 SNS 홍보하기

SNS는 추가 비용 지출 없이 간편하게 홍보할 수 있는 수단입니다. SNS로 일러스트를 올리며 지속적으로 소통하면 팬층을 만들 수 있어 이모티콘 작가에게 꼭 필요한 활동입니다.

1. 인스타그램

여러 이모티콘 작가들이 가장 활발하게 이모티콘을 홍보하는 SNS입니다. 이모티콘뿐만 아니라 일러스트, 문구 디자인 등 다양한 영역의 작가들이 많이 활동합니다. 인스타그램에서 사진과 동영상을 올릴 수 있습니다. 하나의 게시글을 올리는 데 비교적 부담이 적어 쉽게 홍보할 수 있습니다. 게시글과 관련된 해시태그를 달아 사람들에게 노출할 수 있습니다. 인스타그램에서 팬층을 확보해 팔로워 수가 많아지면 문구 디자인, 굿즈 디자인 등 이모티콘뿐만 아니라 다양한 캐릭터 사업의 영역까지 넓힐 수 있습니다.

• 해시태그 예시 : #이모티콘, #소콘소콘

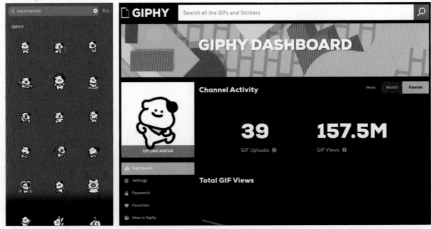

게시글을 업로드하는 것 이외에 인스타그램에서 사용하는 이모티콘을 만들어 홍보할 수도 있습니다. 'Giphy' 사이트에 스티커 등록을 하면 인스타그램의 스토리, 다이렉트 메시지(DM)에서 사용할 수 있습니다. 무료로 제공되는 곳이기 때문에 수익은 창출되지 않지만 많은 사람들에게 도달할 수 있습니다.

한국 사용자뿐만 아니라 외국 사용자들에게도 도달할 수 있어 넓은 외국 시장을 공략하는 데 도움이 됩니다. 외국 팬층이 확보된다면 카카오톡 이모티콘 이외에도 해외 사용자가 많은 라인, 모히톡 플랫폼을 통해 판매할 수 있습니다. 저의 경우 직접 사용하기 위해 제작했던 인스타그램 스티커를 통해 네덜란드, 대만, 인도, 일본 등 여러 국적의 사람들에게 다이렉트 메시지가 오고 팔로워가 급증했습니다. 또한, 외국 팬들에게 라인 이모티콘 출시를 요청 받아 판매하고 있습니다. 라인 이모티콘의 경우 워낙 출시 이모티콘의 수가 많아 쉽게 묻힐 수 있어 해외 사용자들에게 홍보 후 판매를 하는 것도 좋은 방법입니다.

2.
틱톡

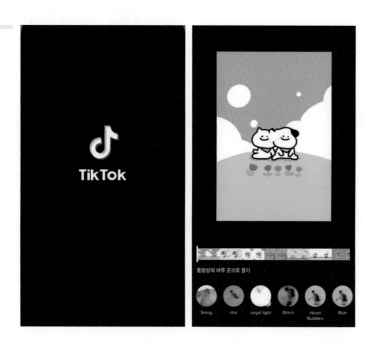

틱톡은 15초의 짧은 동영상을 만들어 공유할 수 있는 앱입니다. 10대들에게 굉장한 인기를 얻고 있는 SNS입니다. 앱 내에 다양한 배경 음악과 여러 가지 편집 기능이 있어 누구나 쉽게 영상을 편집하고 사용할 수 있는 장점이 있습니다.

움직이는 이모티콘의 경우 음악과 효과를 추가하여 캐릭터의 매력을 돋보이게 하는 재미있는 영상을 만들 수 있습니다. 같은 동영상 SNS인 유튜브와 비교했을 때 훨씬 가벼운 마음으로 시작할 수 있어 이모티콘의 주요 타깃이 10대라면 추천하는 SNS입니다. 또한, 틱톡에서 만든 영상을 파일로 저장할 수 있어 다른 SNS 계정에 올리면서 같이 홍보하여 시너지 효과를 높일 수도 있습니다.

3.
그라폴리오

그라폴리오는 네이버에서 운영하는 일러스트레이션 작가들을 위한 창작 플랫폼입니다. 사진, 동영상을 올릴 수 있으며 네이버에서 운영하는 만큼 네이버 상위 검색으로 노출되기 쉽다는 장점이 있습니다. 또한, 팔로워가 100명 이상이 될 경우 네임 카드를 주어 작가 이름을 검색하면 간단한 설명과 함께 작품이 상단으로 노출되며, 클릭하면 그라폴리오 프로필로 이동할 수 있습니다. 추가로 그라폴리오에서 링크를 연결할 수 있어 제작한 이모티콘 구매 링크를 연결해 놓으면 효과적으로 이모티콘 홍보를 할 수 있습니다. 상품, 상금을 받을 수 있는 공모전도 진행하며 홍보와 함께 다양한 기회를 얻을 수 있는 플랫폼입니다.

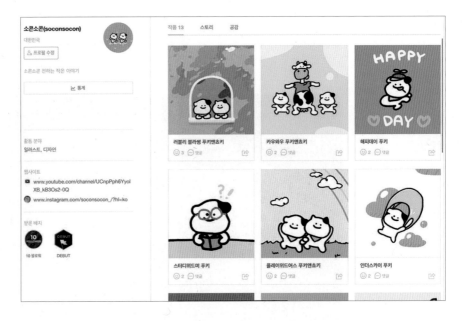

CHAPTER
02 | 작가로 활동 이어 가기

이모티콘을 출시한 이후 새로운 이모티콘을 제작하며 이모티콘 작가로 활동을 이어갑니다.
캐릭터 저작권을 등록하는 방법과 다른 이모티콘 작가들과 소통하는 방법을 알아봅니다.

STEP 01 · **캐릭터 저작권 등록하기**

이모티콘을 출시하고 캐릭터의 저작권을 등록하는 과정은 필수 과정이 아닙니다. 이모티콘 캐릭터를 캐릭터 사업으로 발전시키고 싶으면 저작권 등록으로 보호를 받을 수 있습니다. 저작권 등록하는 방법을 알아보겠습니다.

1. 준비물

- 본인 인증용 공인인증서
- 캐릭터 턴어라운드 이미지
- 등록 비용 23,600원

2. 등록 과정

01 | 한국저작권위원회 저작권 등록 사이트에 접속합니다.

▲ https://www.cros.or.kr

02 | 메뉴에서 (등록신청) → 권리등록 → 저작권(일반, 예 : 어문, 미술 등) 등록을 클릭합니다.

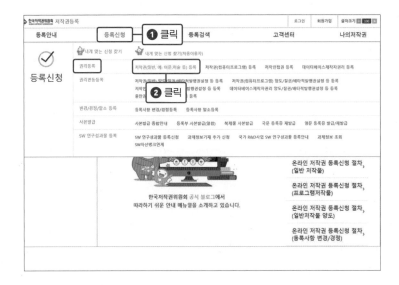

03 | 회원가입 후 로그인을 합니다. 가입 시 공인인증서가 필요합니다.

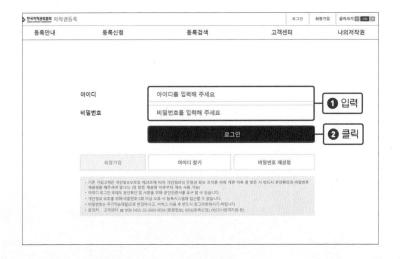

04 ｜〈온라인 등록신청〉 버튼을 클릭합니다.

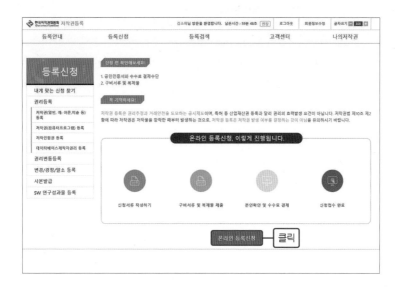

05 ｜ 등록하려는 캐릭터를 처음 등록하는 경우 아니오를 선택한 다음 〈다음〉 버튼
을 클릭합니다.

06 | 신청인의 성명, 국적, 주소, 메일, 전화번호 등의 정보를 입력한 다음 〈다음〉 버튼을 클릭합니다.

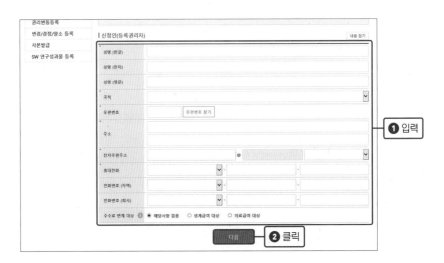

07 | 저작권 등록할 캐릭터의 정보를 입력합니다. 저작물 종류는 미술저작물, 응용 미술, 캐릭터로 지정합니다. 캐릭터 설명은 외형적으로 보이는 특징, 강조할 내용들 위주로 입력합니다.

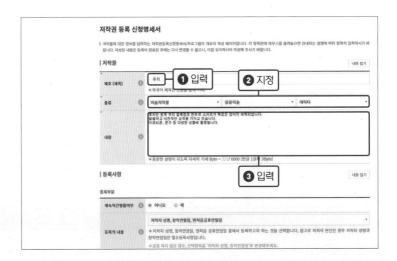

08 | 계속적간행물여부, 등록 내용, 창작일, 공표 정보를 입력합니다.

계속적간행물이란 하나의 저작물이 책·호 또는 회 등으로 나뉘어 공표되거나 일부분씩
순차적으로 공표된 것으로서 주간, 월간, 계간, 등 정기간행물과 웹툰, 웹소설, 드라마 등이 이에 해당합니다.
반드시 등록신청 이전에 공표된 경우에만 계속적간행물로 등록할 수 있으며,
계속적 간행을 목적으로 하더라도 공표되지 않은 경우에는 해당하지 않습니다.

※저작물이 최초로 공표된 방법을 출판, 복제·배포, 인터넷, 공연, 전시, 방송, 기타 중 선택합니다.
1. 출판 : 저작물을 인쇄 그 밖에 이와 유사한 방법으로 문서 또는 도화로 발행한 경우에 선택합니다.출판을 선택한 경우
"공표매체정보"란에는 "OO출판사 초판 OO부 이상 발행"의 형식으로 기재합니다.
2. 복제·배포 : 저작물을 인쇄·사진촬영·복사·녹음·녹화 그 밖의 방법에 의하여 유형물에 고정하거나 유형물로
다시 제작(건축물의 경우에만 그 건축을 위한 모형 또는 설계도서에 따라 이를 시공하는 것을 포함)하여 저작물 등의 원본 또는
그 복제물을 공중에게 제공한 경우 선택합니다. 아래 "공표매체정보"란에는 "(숫자)부 이상 복제하여 일반인 (숫자)명
이상에게 배포"의 형식으로 기재합니다.
3. 인터넷 : 개방된 인터넷 공간에 저작물을 업로드하여 일반인이 저작물에 접근 가능하게 하는 경우(예. 블로그, 각종 게시판 등)에
선택합니다. 아래 "공표매체정보"란에는 저작물을 게재한 사이트 주소를 기재합니다.
4. 공연 : 저작물을 상연·연주·가창·구연·낭독·상영·재생 그 밖의 방법으로 공중에게 공개하거나 동일인의
점유에 속하는 연결된 장소 안에서 송신하는 경우(예. 무용 공연, 광장 영상상영, 곡 재생 등)에 선택합니다.
아래 "공표매체정보"란에는 "(어디)에서 공연/상영(관객 약 OO명)"의 형식으로 기재합니다.
5. 전시 : 다수의 일반인의 출입이 가능한 공간(예. 미술관, 화랑, 점포, 광장 등)에 저작물을 확인할 수
있도록 비치한 경우에 선택합니다. 아래 "공표매체정보"란에는 "(어디)에서 전시/비치"등의 형식으로기재합니다.
6. 방송 : 공중이 동시에 수신하게 할 목적으로 저작물을 송신하는 경우(예. 광고의 방송, 음악의 방송 등)에 선택합니다.
아래 "공표매체정보"란에는 "(어느)방송국/채널에서 방송"의 형식으로 기재합니다.
7. 기타 : 저작물이 출판, 복제·배포, 인터넷, 공연, 전시, 방송 이외의 방법으로 공표된 경우 선택하고 내역을 기재합니다.
아래 "공표매체정보"란에는 그 구체적인 매체 및 대상 등을 기재합니다.

09 │ 캐릭터 이미지를 보여 주는 복제물을 업로드한 다음 〈저장〉 버튼을 클릭합니다.

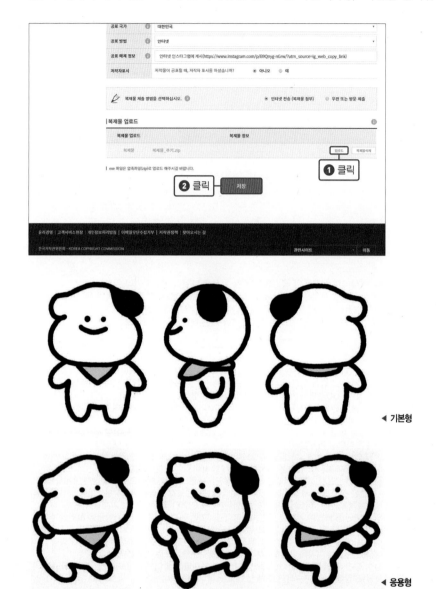

◀ 기본형

◀ 응용형

10 비고의 〈작성서류확인〉, 〈복제물확인〉 버튼을 클릭하여 확인한 다음 〈다음〉 버튼을 클릭합니다.

11 저작권 등록증 수령정보를 입력하고 〈결제〉 버튼을 클릭합니다. 수수료를 결제합니다.

이모티콘 작가와 소통하기

다른 이모티콘 작가들과 소통하며 다양한 정보를 교류할 수 있습니다.

가장 활발히 이모티콘 정보를 교류하며 이모티콘 작가들과 친목을 다질 수 있습니다.

1. 카카오톡 오픈 채팅방

2. 카페

네이버 카페 〈카카오톡 이모티콘 만들기 – 라인 이모티콘/카톡 이모티콘 제작〉

회원 수가 가장 많은 이모티콘 카페입니다. 다양한 작가들의 작업 이야기와 이모티콘 강의 글을 확인할 수 있습니다.

▲ https://cafe.naver.com/kakamoti

다음 카페 〈이모티콘 만드는 사람들〉

이모티콘 정보와 함께 자신의 이모티콘을 올리면 여러 이모티콘 작가들에게 상세한 피드백을 받을 수 있습니다. 카페 운영진들의 신규, 인기 이모티콘 분석 글을 확인할 수 있습니다. 카카오톡 오픈 채팅방 〈이모티콘 만드는 사람들〉과 함께 운영되고 있습니다.

▲ http://cafe.daum.net/emoticonswriter